PRINCÍPIOS PODEROSOS PARA RECOMEÇAR

PREZADO(A) LEITOR(A),

Queremos muito saber a sua opinião sobre nossos livros! Após a leitura, convidamos você a seguir nossas redes sociais e visitar nosso site para mais conteúdos e novidades.

Redes sociais:
Instagram: **@editoranewcastle | @newcastleidiomas**
LinkedIn: **linkedin.com/company/newcastleidiomas**
YouTube: **@newcastleidiomasoficial | @podcastle_TV**

Site:
www.editoranewcastle.com.br

Entre em contato conosco e compartilhe suas sugestões, críticas e elogios. Sua opinião é muito importante para nós!

Gustavo Martínez

PRINCÍPIOS PODEROSOS PARA RECOMEÇAR

NEWCASTLE

Diretor
Gustavo Martínez

Projeto Gráfico, Capa e Diagramação
Felipe Antonio Battistoni

Revisão
Editora Newcastle

Av. Orosimbo Maia, 611 - Vila Itapura, Campinas, SP
CEP 13023-002

Site: www.editoranewcastle.com.br

E-mail: contato@newcastleidiomas.com.br

Dados Internacionais de Catalogação na Publicação (CIP)
Maria Alice Ferreira - Bibliotecária - CRB-8/7964

Princípios poderosos para recomeçar.
3. ed. Campinas, SP : Newcastle English Center, 2025.

Gustavo Martínez.
ISBN 978-65-987651-5-6

1. Motivação (Psicologia) 2. Personalidades 3. Recomeço 4. Superação - Histórias de vida 5. Schimidt, Oscar, 1958- I. Título.

25-295069.0 CDD-158.1

Índices para catálogo sistemático:
1. Superação : Psicologia aplicada 158.1

NOTA DA PUBLISHER

É com grande alegria que a Editora Newcastle apresenta a 3ª edição do livro *Princípios Poderosos para Recomeçar*, uma obra inspiradora escrita por nosso próprio CEO e fundador, Gustavo Martínez.

Autor de títulos transformadores como *A Fórmula dos Campeões: Profissionais de Alta Performance*, *Liberte o Seu Potencial* e *O Sábio que Vendeu a Sua Lamborghini*, ele mais uma vez nos brinda com sua sabedoria e experiências práticas, oferecendo ferramentas para superar desafios e construir novos caminhos na vida pessoal e profissional.

Neste livro, o autor compartilha uma mensagem clara e poderosa: recomeçar é uma habilidade que todos podem desenvolver. Por meio de reflexões profundas e orientações práticas, ele nos guia para enfrentar os momentos de transição com coragem e propósito. Com uma escrita envolvente e acessível, o leitor é convidado a redescobrir sua força interior e a tomar o controle de sua trajetória, seja qual for a fase da vida em que se encontra.

Com orgulho e gratidão, apresentamos mais essa obra que, sem dúvida, tocará o coração de muitos e inspirará mudanças transformadoras. Não apenas um livro, mas um verdadeiro guia para quem busca renascer com mais determinação e encontrar um novo sentido em sua jornada.

EDITORA NEWCASTLE

@editoranewcastle

Dedico este livro a todas as pessoas
que estão passando por momentos
de reflexões e aprendizados.
Desejo que as histórias compartilhadas
nesta obra possam agregar
esperança no renovo da sua vida,
assim como inspirou a minha.

SUMÁRIO

PREFÁCIO

Começar uma nova carreira? Difícil, mas não impossível! A minha vida inteira foi dedicada ao basquete; dos 14 aos 45 anos, não fiz praticamente nada a não ser treinar e jogar. Imagina, então, a dificuldade que foi, aos 45 anos, me aposentar oficialmente das quadras e precisar encontrar uma nova carreira.

Sendo bastante sincero, eu não tinha nada preparado; eu sempre entrei de cabeça em tudo o que eu fazia, então me aposentar e precisar de outra ocupação nem sequer passava pela minha cabeça enquanto eu jogava. Durante meu tempo como jogador, eu não fiquei rico, porque naquela época os salários e os valores que se ganhavam eram outros, muito menores do que hoje em dia.

Também não tinha me formado; quando eu estava cursando a faculdade, tranquei a matrícula para poder jogar na Itália. Ou seja, estava verdadeiramente em apuros. Mas foi justamente nessa hora que eu me lembrei de uma ocasião que havia ocorrido alguns anos antes, quando eu jogava pelo Corinthians.

Na época, um dos diamantes da Amway (era assim que eles próprios se chamavam), empresa que patrocinava o Corinthians, me convidou para fazer uma palestra no Canindé, no estádio da Portuguesa. Chegando ao local, me levaram para dentro dos vestiários, junto a todos os outros funcionários da Amway.

Nesse momento já surgiu o primeiro problema: estavam todos elegantes e bem arrumados, de terno, e eu casual, de jeans. Quando chegou a minha hora de falar, o "diamante" que havia me contratado veio até mim e disse:

— Oscar, é a sua vez.

E eu respondi:

— Maravilha, vamos lá! Podem sentar que eu vou começar.

E ele me disse:

— Não, Oscar, não é para nós que você vai falar. É para o público, que está te aguardando lá dentro do estádio.

Nessa hora, meu estômago deu uma cambalhota. Eu disse:

— Mas eu não preparei nada!

E ele me respondeu:

— Ah, Oscar, vai lá e fala qualquer coisa!

E foi justamente o que fiz: fui lá diante do público e falei durante cinco minutos, aproveitando a conexão entre a Amway e o Corinthians para ganhar o público. Não foi fácil (até porque eu nunca gostei muito desse negócio de falar em público), mas eu sei que, quando terminei, tinham oito mil pessoas gritando a plenos pulmões: "Vamos ser campeões, vamos ser campeões!".

Por incrível que pareça, eles adoraram e acabaram me contratando para outras palestras — só que, para essas outras palestras, eu já me organizei: fui bem-vestido e, para não passar aperto, preparei um roteirinho.

Com base nessa experiência, decidi tentar esse negócio de palestra motivacional após a minha aposentadoria das quadras. Falei para mim mesmo: "Vou entrar de cabeça nesse mundo e arrasar".

Só que não foi bem assim que as coisas aconteceram. Quando fiz minhas primeiras palestras, achei que estava arrasando. Após algum tempo, decidi gravar uma das minhas apresentações para poder estudá-la depois e ver o que eu poderia fazer diferente daqui para frente.

Meu Deus, que desastre! Falei para mim mesmo: "Eu estou roubando dinheiro dessas pessoas!". A cada frase, eu falava um "ai"; as minhas histórias não ficavam claras e, por conta desses vícios de linguagem e alguns outros problemas, como a falta de um padrão de vestimenta, eram difíceis de entender.

Mas, como bom brasileiro — e nordestino —, eu insisti. Coloquei para mim mesmo o desafio de superar todos esses problemas e me tornar um palestrante melhor. Me policiei a abolir todos os vícios de linguagem. Defini uma roupa que seria o meu uniforme de palestra. Preparei alguns *slides* para facilitar a assimilação do conteúdo.

Dia após dia, fui fazendo minhas palestras e melhorando pouco a pouco.

Hoje, acredito, tenho uma palestra agradável e me encontrei nesse mercado — tanto que, algumas vezes nos últimos anos, já fui agraciado com o prêmio *Top of Mind* de melhor palestrante motivacional.

Foi fácil? Claro que não; aliás, muito longe disso. Mas foi recompensador de uma forma que vocês não imaginam.

O motivo pelo qual contei essa história é simples: acho que ela se aplica muito ao Gustavo Martínez; vejo nele muitos dos traços que me fizeram ser capaz de recomeçar a minha carreira e ter sucesso nessa nova empreitada. Justamente por isso, considero uma honra o convite dele para que eu prefaciasse este seu novo livro.

Gustavo, você é uma pessoa brilhante e um exemplo a se seguir no mundo dos negócios. Espero que os leitores deste livro consigam sentir e ver o mesmo que eu sinto e vejo em você.

OSCAR SCHMIDT

O maior jogador de basquete do Brasil e um dos maiores de todos os tempos, sendo o maior pontuador da história do basquete mundial, integrante do Hall da Fama da NBA, palestrante e garoto-propaganda do grupo Newcastle Idiomas.

@oscarschmidt14

INTRO DUÇÃO

Tempos difíceis existem desde o início da humanidade, e todas as pessoas já tiveram que lidar com adversidades ao longo de suas vidas, afinal, esse "privilégio" não é somente para alguns, e sim para todos.

Não importa quantas vezes você caiu, quantas vezes teve vontade de desistir e quantas vezes ficou sem esperança: ACREDITE, sempre existe um novo motivo para você começar e continuar, começando quantas vezes forem necessárias.

Quem já viveu momentos de reflexões internas sentiu um vazio dentro da sua alma e foi refém de um sentimento negativo, ou de um cenário sem esperança; provavelmente já se sentiu sozinho e com o coração aflito devido ao medo diante da visão de futuro da vida.

O único detalhe é que você não está sozinho, e muitas vezes são nessas situações negativas que conhecemos o agir de Deus e conseguimos, por meio da dor, compreender atitudes e comportamentos que devemos melhorar.

São nesses momentos de insatisfação que conseguimos tomar decisões, agir com mais firmeza, principalmente quando a necessidade por mudança começa a gritar em nós. Se você se sentiu desafiado para viver algo novo, provavelmente já teve que passar pelos dias de afirmações desse seu novo "eu", em que você começa a viver com mentalidade e atitudes diferentes; mas a vida começa a lhe colocar em situações que você tem que provar a si mesmo que abandonou velhos hábitos para viver o renovo da sua história.

Muitas vezes, ficamos parados ou fazemos escolhas erradas pelo fato de estarmos vivendo somente o superficial, sem permitir nos conhecer melhor, influenciados por fatores externos.

Quem não se conhece nunca vai encontrar o seu propósito; outras vezes, estamos no caminho certo, mas a vida nos derruba por algo inesperado que acontece: um acidente, um luto, a perda de um emprego, o fim de um relacionamento, entre outras decepções a que estamos vulneráveis e que podem acontecer. Muitas vezes, essas fatalidades acontecem e não são nossa culpa.

A tragédia pode bater em nossa porta a qualquer momento, e a pandemia do coronavírus mostrou para todo o mundo, de todos os países e classes sociais, que essas tragédias podem acontecer quando menos esperamos.

O que fazer diante das mazelas da vida? O que fazer diante dos erros grotescos que cometemos? O que fazer quando percebemos que a dificuldade se expande ao nosso redor? Quero convidar você a refletir sobre as histórias e os ensinamentos compartilhados neste livro.

Não há mal que dure para sempre. Recomeçar é uma experiência contínua. Todas as pessoas que já passaram por um processo de desenvolvimento e transformação, em algum momento da vida, tiveram que escolher entre desistir ou ter esperança e começar de novo.

Recomeçar é dar uma chance a si mesmo de caminhar em uma nova vida; é deixar para trás sentimentos e traumas que nos aprisionam para viver um presente e futuro com esperança.

Todos temos um banco de horas para viver neste plano e nunca sabemos quando ele vai terminar. Os últimos tempos foram bastante difíceis para a maioria das pessoas, pois muitas estão cansadas de toda pressão que o mundo viveu e continua vivendo, e essa pressão está fazendo muitos naufragarem sem conhecer a sua própria essência, pois ficam presos a sentimentos negativos que impedem de enxergar o quanto é lindo viver. Encontrar a sua verdadeira razão te motiva a ir mais além e te deixa sedento para ver coisas grandes se realizarem, para que, quando o banco de horas terminar, não sejam enterrados consigo vários sonhos que nunca tiveram a chance de se realizar. O medo do fracasso, da cobrança, do desconforto e a insegurança de não conseguir são os maiores obstáculos que surgem nesses sonhos quando eles continuam sem vida. Será que vale a pena enterrar esses sonhos sem ao menos se mover para realizar? Quantos amores não foram vividos, ideias não foram executadas, palavras não foram cumpridas e projetos não foram realizados pelo fato de se ter medo? Existe um cansaço que você sente quando simplesmente não sabe se terá forças para seguir adiante, entretanto há uma promessa de renovo para todos nós, e é nesse momento de exaustão que você deve permanecer firme no seu propósito.

No mundo, nunca existiu uma pessoa que não passou por provações, em que sua fé e sua resiliência não foram postas à prova; até o maior dos homens foi tentado e passou por aflições.

Talvez você esteja passando por uma batalha complicada, mas não se renda ao desânimo, e quando não estiver com mais forças, em vez de pensar em desistir, peça ajuda, pois Deus está com você; e mesmo se você estiver se sentindo sozinho, Ele ainda sim estará ao seu lado, mas você precisa acreditar no poder da fé e olhar para o futuro com esperança.

Não tenha mais medo; tenha positividade, persistência e resiliência. Acredite em você, sonhe grande, renove a esperança, queira ir alto, tenha fé. Se pensar pequeno, seu esforço vai ser pequeno e, como consequência, seu resultado também. Descubra o que vai fazer você ter a dedicação extraordinária para viver uma vida extraordinária. Esvazie seu coração das angústias que ele carrega e se permita viver uma vida nova e melhor, e entenda que viver uma vida repleta de amor, alegrias e felicidades não é viver uma vida sem lutas e aflições, e sim aprender a lidar com esses sentimentos e momentos sem perder a esperança de dias melhores.

Quando você descobre quem é e percebe o quanto de autoridade tem sobre a sua vida, você começa a despertar uma força interior que sempre esteve aí, mas você só desenvolve essa força enfrentando as batalhas da vida. A maioria das pessoas evita essas batalhas, passa a vida evitando a dor.

Quando você está correndo atrás de um sonho, em algum momento, a transição acontece, alguma coisa dentro de você que nunca havia sido ativada e que estava dormindo aí dentro desperta, então você aprende a acreditar em si, voa mais alto e começa a se encontrar sem precisar que alguém aprove os seus sonhos.

Faça o que acha que é certo, não pegue atalhos, tenha coragem para pagar o preço, pois você foi escolhido para viver esse grande propósito.

Desejo que este livro lhe proporcione bons momentos de aprendizados e reflexões, e que, no final desta leitura, você acredite que, SIM, é possível recomeçar.

> Lembro-me da minha aflição e do meu delírio, da minha amargura e do meu pesar.
> Lembro-me bem disso tudo, e a minha alma desfalece dentro de mim.
> Todavia, lembro-me também do que pode dar-me esperança:
> Graças ao grande amor do Senhor é que não somos consumidos, pois as suas misericórdias são inesgotáveis.
> Renovam-se cada manhã; grande é a tua fidelidade! Digo a mim mesmo: A minha porção é o Senhor; portanto, nele porei a minha esperança.
>
> **(Lamentações 3:19-24)**

GUSTAVO MARTÍNEZ

Escritor, empreendedor (fundador do grupo Newcastle Idiomas e da Editora Newcastle), palestrante e host do Podcastle TV.

@gustavonewcastle

1º

princípio

A FELICIDADE ESTÁ DENTRO DE VOCÊ

C*onta uma lenda que um homem chegou a um vilarejo* *junto a um povoado e, aproximando-se de um velho muito sábio, perguntou-lhe:*

— Eu estou andando há dias, procurando um novo lugar para ficar, que tipo de pessoa vive neste lugar?

— Que tipo de pessoa vivia no lugar de onde você vem?

Perguntou, por sua vez, o ancião:

— Eu venho de um lugar onde as pessoas são egoístas e malvadas. — Replicou o homem. — Estou muito satisfeito de ter saído de lá.

— A mesma coisa você haverá de encontrar por aqui. — Replicou o velho sábio.

No mesmo dia, outro jovem aproximou-se desse mesmo vilarejo para beber água e, vendo o velho sábio, perguntou-lhe:

— Que tipo de pessoas vive por aqui?

O velho respondeu com a mesma pergunta:

— Que tipo de pessoa vive no lugar de onde você vem?

O rapaz respondeu:

— De onde venho, as pessoas são amigas, honestas e muito hospitaleiras. Fiquei muito triste por ter de deixá-las.

— O mesmo encontrará por aqui. — Respondeu o velho sábio.

Um homem, que havia escutado ambas as conversas, perguntou ao velho sábio:

— Como é possível dar respostas iguais e tão diferentes à mesma pergunta?

O velho sábio respondeu-lhe:

— Cada um carrega no seu coração o ambiente em que vive. Aquele que nada encontrou de bom nos lugares por onde passou, não poderá encontrar outra coisa por aqui. Aquele que encontrou amigos também os encontrará aqui, porque, na verdade, a nossa atitude mental é a única coisa na nossa vida sobre a qual podemos manter controle absoluto.

"A felicidade não está em fazer o que a gente quer, e sim encontrar valor e felicidade naquilo que a gente faz."

— Jean Paul Sartre

Em algum momento da vida, acredito que todas as pessoas já pararam para refletir sobre a falta de satisfação em relação à vida que estavam levando. Essa não satisfação ocorre por inúmeros motivos que fica muito amplo descrever aqui, pois é a maneira como cada ser humano reage a situações que estejam lhe causando incômodo.

Pode ser a não satisfação no trabalho, pode ser a não satisfação nos relacionamentos, pode ser a não satisfação pela falta de resultados, pode ser a não satisfação pela escassez financeira, pode ser a não satisfação por alguma perda muito dolorosa, ou a não satisfação de algo que lhe aconteceu e que ainda fica martelando seus pensamentos.

Se você for uma pessoa que não se incomoda com nada, não luta por nada ou leva a vida sem nenhum compromisso, tenha a consciência de que, em algum momento, a vida vai lhe cobrar um posicionamento e, quando esse dia chegar, é importante você estar preparado e não se colocar como vítima de uma situação que você mesmo criou, pois a pancada pode ser grande.

Pessoas que não têm sonhos, que não se colocam numa posição de lutar por algo que vão lhe exigir algum tipo de esforço e compromisso, que levam a vida igual à música do grande Zeca Pagodinho: *"deixa a vida me levar, vida leva eu"*, com o passar dos anos, vão sentindo a pressão do vazio.

Quem não se expõe com medo de fracassar ou preguiça de lutar pelo seu propósito, nunca vai ser protagonista da própria vida nem vai encontrar a verdadeira felicidade. Não começar sempre vai ser mais fácil do que se colocar em uma situação na qual tenha que assumir responsabilidades.

Com exceção da dor de um luto, a qual é algo que está fora do nosso controle, todas as outras "não satisfações" são um sinal que a vida está lhe enviando para refletir e entender o vazio que está brotando na sua alma e, com isso, ter os primeiros indícios de que algo deve mudar.

Quem já não teve vontade de recomeçar os planos da vida, de voltar no tempo para mudar algo que aconteceu e lhe entristeceu, ou de mudar alguma decisão errada que tenha tomado, e agora está vivendo as consequências dessa escolha?

Existem momentos em que o mais fácil seria trancar todos os problemas e aflições em uma caixa como se fosse algo que nunca tivesse acontecido, mas a grande realidade é que a vida não é assim, e saber lidar com as adversidades é o que vai fazer cada pessoa encontrar a sua verdadeira felicidade.

Não é uma situação adversa que vai diminuir o seu valor ou diminuir quem você é, mas a maneira como você lida com essas adversidades vai impactar os seus dias e o seu estado emocional, e, por essa razão, eu gostaria de fazer algumas perguntas para você refletir e encontrar as respostas:

- **Com quais sentimentos você vem alimentando a sua vida?**
- **Sentimentos de gratidão ou de frustração?**
- **Neste momento da sua vida, você considera que está motivado ou desmotivado?**
- **Você sente que existem expectativas e cobranças muito grandes das pessoas em relação a você?**
- **E como você age em relação a criar expectativas sobre as pessoas?**
- **Você é feliz (sim ou não)? O que você precisa para ser feliz?**

Para esta última pergunta, caso você tenha respondido que não é feliz, o que lhe falta para ser feliz? Questões financeiras ou emocionais?

Se possível, anote todas essas respostas e, quando terminar a leitura deste livro, reflita novamente sobre essas perguntas e avalie se continuará com as mesmas respostas.

Todos os livros têm o poder de transmitir alguma mensagem, principalmente para a pessoa que está pronta para ler. Eu me considero um leitor nato de livros de desenvolvimento pessoal e profissional, e esse tipo de leitura agregou muito valor na minha trajetória de vida como um todo. Ultimamente, venho lendo muitos livros sobre histórias bíblicas e estou fascinado com o que estou aprendendo. Em várias ocasiões tive a oportunidade de ler um livro que, no primeiro momento, não me causou um grande impacto, pois eu não estava com a atmosfera correta para o tipo de mensagem que o livro transmitia, mas que, em uma segunda leitura, emocionalmente pronto para "devorar" o livro, tive grandes aprendizados que transformaram a minha vida.

O objetivo deste livro é transmitir para você que, SIM, você pode dar a volta por cima e reconstruir os seus sonhos para viver a promessa que Deus tem para você, principalmente se esses sonhos estão com os princípios e valores corretos. Cada pessoa tem a missão e o poder de transformar o seu mundo para muito melhor, pois, quando a sua passagem neste plano terminar, o que vai ficar de valor para as pessoas que tiveram a oportunidade de lhe conhecer não é quantos anos você teve em sua vida, e sim quantas vidas você transformou positivamente nos anos em que esteve por aqui.

Grandes pessoas na história da humanidade viveram as suas promessas, mas também tiveram que passar pelo deserto, e passar por essas aflições sem ceder às tentações do inimigo foi o que as credenciaram a viver as promessas.

Dizem que o tempo tem o poder para melhorar tudo, mas, para cicatrizar suas feridas, é necessário aprender com o que lhe ocorreu.

Saber lidar com os erros é o que nos concede a capacidade de aprendizado e entendimento das nossas limitações e potencialidades, é o que nos faz enxergar que há possibilidade de aprendizados constantes.

Se o erro for considerado um ponto final, não há evolução, e sim um processo de encerramento de um ciclo. Por outro lado, se for considerado apenas como mais uma etapa de um processo de evolução, ele se torna o caminho para o seu desenvolvimento.

> Podemos dizer que, durante a vida, aprendemos muito mais com nossos erros do que com nossos acertos.

Um breve exercício de reflexão irá lembrá-lo de algum erro que cometeu do qual você nunca mais esqueceu, e o fato de não o esquecer faz com que nunca mais erre.

Errou, mas quem começa o dia querendo errar?

Fracassou, mas quem deseja fracassar?

A sua vida tem muito valor e você tem o poder de realizar coisas incríveis, mas, para sonhar com grandes realizações, tem que ter a mente positiva e acreditar no renovo da sua história.

Toda pessoa tem um grande potencial que pode ser desenvolvido. Na história da humanidade, milhões de pessoas sem recursos transformaram o mundo em que viveram.

Na minha trajetória como gestor de pessoas e empresas há quase duas décadas, aprendi algumas lições importantes de pessoas que, em alguns momentos, foram nocauteadas pela vida, mas mesmo assim conseguiram dar a volta por cima. Transformaram uma situação negativa em uma motivação para recomeçar e entenderam que muitas vezes o fundo do poço é um mal necessário para quebrar os nossos padrões de arrogância e ilusões em achar que somos imbatíveis. Reflita sobre cada aprendizado e avalie quais deles fazem sentido para o momento em que você está vivendo, então inicie a renovação da sua história.

Esteja atento aos sinais que a vida lhe dá e busque um aprendizado para cada situação. Tudo o que te incomoda está lhe ensinando algo que te tornará uma pessoa melhor; tudo o que você não pode controlar está te ensinando a ser mais humilde e paciente; tudo o que te irrita lhe ensina a ter autocontrole para lidar com os seus sentimentos, pois mais importante que a forma como se sente atacado é refletir como se comporta e reage. Quando você sentir medo — e temos um capítulo inteiro sobre esse tema —, é a vida lhe ensinando sobre coragem, persistência e superação.

Esteja atento aos sinais que a vida está lhe enviando. Você é o seu único concorrente, o seu hoje tem que ser mais iluminado e maduro do que era o ontem, e assim por diante. Dê um passo rumo ao desconhecido, saia da zona de conforto, principalmente das coisas que impedem você de prosperar, seja otimista e permita que a vida o surpreenda. Você só precisa confiar.

Tenha postura e mentalidade para lidar com as adversidades. Não jogue fora tudo o que fez até aqui, devido à falta de controle emocional. Muitas pessoas se desesperam quando estão com algum problema, pois a ansiedade para lidar com as frustrações faz com que não tenham atitudes legais consigo mesmas. Reflita nas suas ações e comportamentos e avalie se você tem autocontrole ou se o ambiente em que está é o que define suas ações; se é você que controla a sua vida, ou se a sua vida é controlada pelas circunstâncias e pelos sentimentos que está vivendo.

Aprenda com o seu passado. Fugir do problema não vai mudar o fato que aconteceu, e alimentá-lo vai fazê-lo criar um sentimento negativo que pode se tornar desproporcional. Encare a sua história de frente, a sua qualidade de vida depende disso. Entenda esse sentimento negativo para que, em algum momento, você consiga cicatrizar essa ferida para viver uma vida melhor.

Você pode e deve buscar recomeçar, pois não importa como você está hoje, e sim que você ainda tem algo importante a ser feito, mas, para isso, não se prenda a sentimentos negativos do passado; os momentos ruins também chegam ao fim.

Adquirimos experiências conforme a nossa trajetória de vida, por existirem aprendizados que só se aprendem na prática. Faça algo útil com todas as situações que você já viveu.

Pratique a gratidão. Toda dor tem o poder de ensinar; algumas mais, outras menos, mas quando é confrontado e entende os princípios da vida, o ser humano aprende que os momentos de lutas são amadurecimentos que lhe ajudarão lá na frente.

Você vai ter a oportunidade de recomeçar, e isso é louvável, então não perca mais tempo murmurando de situações que lhe desagradaram; use essa energia para buscar a vida que você deseja viver.

"A candeia do corpo são os olhos; de sorte que, se os teus olhos forem bons, todo o teu corpo terá luz; se, porém, os teus olhos forem maus, o teu corpo será tenebroso."

(Mateus 6:22-23)

Ao nos dizer que os olhos são a candeia, ou seja, a lâmpada do nosso corpo, Jesus está afirmando que não são as situações que nos afetam, e sim a maneira como olhamos para elas. Onde estão o seu coração e a sua visão para as coisas que acontecem na sua vida? Conectados com Deus ou em uma busca egoísta pelas necessidades do mundo?

Jesus está fazendo um convite para olharmos a vida com outros olhos e, assim, resplandecermos a luz. Não permita que coisas pequenas tirem a sua paz, transforme as adversidades em algo útil e use da sabedoria para viver uma vida melhor.

Não é somente uma questão de otimismo ou pessimismo, mas também de onde você foca o seu olhar. Uma visão limpa vai fazer você enxergar o bem e resplandecer a luz divina em outras pessoas, e uma visão suja vai fazer você enxergar somente as coisas ruins de cada situação.

Existem muitas pessoas que murmuram por tudo; tudo é um motivo de reclamação, insatisfação ou protesto, enquanto outras são gratas e felizes com cada etapa da vida. Não corrompa os seus valores porque alguma pessoa foi ruim com você, compreenda que a vida devolve a luz que você ilumina e, assim, aprenderá que será curado quando começar a ajudar os outros a se curarem; e que será abençoado quando começar a ser uma bênção na vida dos outros. Esse é o verdadeiro sentido da sua existência.

HISTÓRIAS GRANDES TÊM INÍCIOS PEQUENOS E GRANDES BATALHAS

PRINCÍPIOS PODEROSOS
PARA RECOMEÇAR

RONALDO NAZÁRIO

Todos os brasileiros e amantes do futebol mundial conhecem Ronaldo Fenômeno, eleito pela FIFA o melhor camisa nove da história do futebol.

Ronaldo Fenômeno iniciou a sua carreira no Cruzeiro e, ainda jovem, foi transferido para a Europa, onde conquistou fama em todo o planeta. Quando estava vivendo o auge da sua carreira, uma lesão muito séria em seu joelho quase o tirou do futebol para sempre.

Naquela época, ele jogava pela Inter de Milão, e, durante uma partida contra a Lazio, com poucos minutos de jogo, foi tentar dar uma das suas arrancadas com pedaladas (uma característica da sua habilidade que espantava qualquer adversário), ouviu um estalo e despencou no gramado. O tendão do seu joelho direito havia rompido e essa cena dramática do Fenômeno saindo do campo na maca, chorando muito e indo para o hospital chocou o mundo.

Todos os jornais de todos os países estamparam em suas capas no dia seguinte à lesão que ele havia sofrido e todas as dúvidas sobre o seu retorno. Em todos os idiomas, estava escrito que a probabilidade de o Fenômeno voltar a jogar era praticamente zero.

Ronaldo Fenômeno, na época um jovem de 24 anos, teve que aprender a lidar com as notícias de que ele não iria mais voltar a jogar futebol e, mesmo com todo esse cenário pessimista sobre a sua vida, não podia se dar ao luxo de não ter esperança. Existem momentos da vida em que você deve escolher no que vai acreditar e qual vai ser a voz que vai lhe guiar: se a da esperança ou a do pessimismo.

Enquanto isso, a seleção brasileira que tinha Ronaldo como a grande estrela do time e que havia sido vice-campeã do mundo em 1998, estava passando por muitas dificuldades nas eliminatórias da Copa do Mundo; com risco de não ser classificada para o mundial de 2002, tanto que a classificação só veio no último jogo, contra a Venezuela. Nesse período, tanto Ronaldo quanto a nossa seleção passaram por muitas dificuldades, e a cobrança sobre Ronaldo era muito grande, pois, no dia da final da Copa do Mundo de 1998, ele passou mal, foi para o hospital, mas chegou a tempo de jogar a final; contudo, o Brasil perdeu o título para a França, e colocaram essa derrota na sua conta por muito tempo.

Muitas pessoas passam por situações bem menos desafiadoras e já desistem nos primeiros obstáculos, mas Ronaldo fez diferente, persistiu com todas as suas forças e conseguiu se recuperar a tempo de ser convocado para o Mundial; e mesmo fora de forma e sem condicionamento físico por ficar praticamente dois anos sem jogar, entrou em campo, foi o artilheiro da Copa do Mundo de 2002 e fez os dois gols da final, então o Brasil foi pentacampeão do mundo.

Ronaldo Fenômeno poderia ter desistido de jogar futebol, poderia não ter suportado a pressão, mas ele tomou a decisão de fazer diferente, decidiu persistir e acreditar na sua recuperação. Utilizando toda a esperança que ainda tinha disponível, mesmo com todas as estatísticas e noticiários dizendo que a chance de não voltar a jogar era de 99%. Lutando contra todas as vozes negativas, decidiu escolher quais seriam as vozes que iriam lhe guiar.

Muitas pessoas já perguntaram para o Fenômeno como ele acha que teria sido a sua carreira sem essas lesões, e todas às vezes ele respondeu da mesma forma: que essas lesões foram fundamentais para conhecer a força interior, que foram fundamentais para entender que dinheiro e fama não servem de nada se você não tiver fé, que foram fundamentais para ele melhorar como ser humano e conhecer o verdadeiro amor pela vida, pelas pessoas e pelo seu propósito.

O mundo está repleto de pessoas talentosas que desistem nas primeiras dificuldades. Pessoas extraordinárias também passam por grandes desafios e dificuldades, o que as distingue das pessoas comuns é a sua persistência e coragem mediante os desafios da vida.

Quando você tem um propósito, Deus envia os recursos, mas você precisa passar por provações para desenvolver toda a sua capacidade.

Histórias grandes têm inícios pequenos e grandes batalhas. Lembra o clube em que Ronaldo iniciou a sua carreira? Pois bem, em abril de 2022, foi feito um anúncio oficial que ele comprou 90% de suas ações.

2º princípio

DAS DIFICULDADES NASCEM GRANDES OPORTUNIDADES

*U**m temporal muito forte derrubou um ninho de águia** do topo mais alto de uma árvore.*

Por milagre da natureza, um de seus ovos resistiu ao impacto e caiu próximo a um lago que ficava em um parque onde havia um ninho de pato.

A mamãe pato, com o maior zelo e amor maternal, levou esse ovo até o seu ninho e cuidou como se fosse seu. Depois de um tempo, todos os filhotes nasceram, os patinhos e a águia.

No início, passou despercebido até pelas pessoas que frequentavam o parque, pois a mamãe pato criava todos exatamente da mesma forma, e, por terem a mesma criação, tinham hábitos parecidos.

Mas, com o passar do tempo, algo foi chamando a atenção e todos notaram que, no meio daqueles patos, existia uma águia, mas ela não sabia disso, pois se portava igual aos seus irmãos patos, agia, voava e nadava como um pato; mesmo sendo diferente, a sua mente foi treinada conforme a sua criação.

Todas as pessoas gostavam de ir ao parque, pois não é todo dia que se tem a oportunidade de ver uma águia de perto. Até que, em um fim de tarde, um cão selvagem que estava com fome e caminhava próximo ao parque, avistou que, próximo ao lago, moravam vários patinhos e partiu na direção deles para garantir a refeição do dia.

Quando o cão estava bem próximo para dar o bote, a águia, que ainda não conhecia o seu poder, agiu conforme o seu instinto, que nunca havia sido testado, e abriu suas enormes asas para defender a sua família com todo o seu poder; com as suas garras, grudou nesse cão selvagem, fez um imenso voo alto e o jogou para o outro lado do parque.

Todos ficaram surpreendidos com a postura daquela águia, inclusive seus irmãos patos, e a partir daquele dia, daquele momento de tensão, ela descobriu toda a sua força interior, quebrou todas as barreiras de suas limitações e partiu para o voo da vitória, vivendo com todo o seu potencial.

Talvez a história desse filhote de águia seja parecida com a sua: você tem um grande potencial dentro de si, o qual provavelmente vai ser posto à prova em um momento em que quebrar as barreiras que travam o seu progresso seja a sua única opção. Infelizmente, algumas pessoas se acostumaram a viver sem saber o seu valor, por aceitarem o que as pessoas disseram ser o limite do seu potencial, mas você é diferente — você é uma pessoa incrível. Mesmo vivendo em um ambiente limitado, faça como a águia e realize o voo da sua vitória.

O ano era 2004, e eu não imaginava que o mês de março iria determinar uma grande mudança na minha vida. Depois de muitas frustrações, uma pequena porta iria se abrir, se tornar grandiosa, e o renovo da minha história iria começar.

Naquela época, ainda garoto, eu havia acabado de concluir o segundo grau e o curso técnico de Contabilidade e estava completamente perdido sem saber o que iria fazer da vida, não tinha um objetivo definido, não recebia oportunidades e me sentia um coitadinho, um injustiçado que vivia murmurando para todos da vida que eu estava levando. Recordo-me de que estava vivendo muitos conflitos na minha vida pessoal, inclusive em casa, e não aguentava mais ficar naquela situação, estava desesperado para conseguir um emprego fixo, para conseguir a minha "liberdade". Era uma fase da vida em que, em todas as entrevistas de emprego em que participava, ninguém me selecionava para ingressar na empresa; para eu não ficar parado em casa sem fazer nada, meu pai me levava ao trabalho dele para eu ajudar em alguma coisa e, mesmo sabendo que eu não tinha aptidões para realizar a função, contava comigo mesmo assim.

Viver esse período foi muito importante para o meu desenvolvimento e me trouxe aprendizados valiosos. Muitas vezes, a vida não vai ser fácil e você vai ter que passar pelo deserto para conhecer os seus limites e se desenvolver. Você vai tomar muitas porradas e, mesmo assim, terá que ser resiliente para seguir em frente. No seu caminho, provavelmente encontrará mais pessoas que o criticarão e o colocarão para baixo do que aquelas que o ajudarão e estenderão a mão.

Passar por esse processo de lapidação foi fundamental para eu criar consciência e maturidade de como funcionava a pressão da vida adulta e sabia que algo deveria mudar. Não tinha nenhum centavo no bolso, e a minha baixa autoestima era determinante para viver esse ciclo negativo, além disso, a rotina era praticamente a mesma: todos os domingos, eu pegava o jornal de vagas de empregos e selecionava algumas para entregar currículos na semana seguinte, até que, num domingo de março, abri o mesmo jornal para ver os classificados de empregos e mantive a mesma rotina, selecionei todos os anúncios de vagas de empregos em que me identifiquei e que não exigiam tantas qualificações e acordei na segunda-feira bem cedo para pedir uma oportunidade de trabalho nesses locais. Entreguei uma média de 30 currículos nas agências de empregos do centro de Campinas (SP), e uma dessas agências estava realizando processo seletivo para trabalhar na loja C&A do Shopping Iguatemi Campinas; havia duas vagas disponíveis e algumas dezenas de pessoas as disputando. A empresa iria pagar um salário mínimo para a função que estava contratando, mas, para quem necessitava urgentemente de um emprego, aquela era uma grande oportunidade de iniciar a vida profissional.

Os escolhidos para a vaga seriam definidos no mesmo dia, e a pessoa para quem entreguei meu currículo me convidou para participar da entrevista e dinâmica dessa seleção. Fiquei bastante motivado, pois aquela era a primeira entrevista do dia, por isso entrei nesse processo com a "faca nos dentes".

Depois de algumas horas participando desse processo seletivo, restaram quatro finalistas para essas duas vagas, e, para a minha surpresa, eu estava entre essas quatro pessoas, o que, para mim, após tantos "nãos" que ouvi por meses nas entrevistas de empregos anteriores, já era uma grande vitória. Eu estava superconfiante com o meu desempenho e já tinha a certeza de que uma vaga seria minha. Porém, como tudo que acontecia na minha vida sempre parecia ter algum bloqueio que me impedia de prosperar, no final do dia, recebi a notícia de que, infelizmente, não havia sido selecionado para uma das duas vagas disponíveis. Saí dali frustrado e, mais uma vez, com a sensação de derrota, que já era rotineira. A minha confiança, que estava a cem por hora, baixou para zero, e todos os monstros internos que martelavam o meu emocional, voltaram a me assombrar.

Fui direto para casa e fiquei refletindo na quantidade de currículos que eu havia entregado nos últimos meses, na quantidade de entrevistas que eu havia participado, mas sempre tinha alguma pessoa que conquistava "a vaga que era para ser minha".

> Às vezes, algumas portas vão se fechar, pois Deus estará lhe preparando para viver um propósito muito maior.

Deus sabia da minha vontade de conseguir uma oportunidade de mostrar o meu potencial, do quanto eu necessitava daquilo, e depois de um dia exaustivo participando da seleção na qual não fui aprovado, eu tinha duas escolhas a fazer: poderia ficar me lamentando e querendo desistir (é o que eu fazia na maioria das vezes), ou poderia prosseguir buscando uma nova oportunidade. Então, peguei o jornal para olhar novamente as vagas de empregos disponíveis que eu ainda não havia selecionado para levar um currículo, quando, de repente, li um anúncio que mudou a minha vida para sempre.

O anúncio era mais ou menos assim:

Empresa no ramo da educação está selecionando jovens talentos com disposição de trabalhar e tenham visão de crescimento profissional. Não necessita ter experiência profissional, pois oferecemos treinamentos específicos. Exigimos disponibilidade de início imediato, segundo grau completo, disponibilidade para viajar de avião e plano de carreira para cargos gerenciais. É necessário ter disciplina e motivação. Ganhos excelentes e acima da média de mercado. Comparecer somente nesta segunda-feira com currículo em mãos, até às 18h00.

Fiquei pensativo lendo esse anúncio por alguns minutos, e o que mais me chamou atenção foi não exigir experiência. Olhei no relógio e já era por volta de 17h15. Sem raciocinar direito, anotei o endereço e corri com o currículo e a folha de jornal embaixo do braço para pegar o ônibus e ir até a empresa.

Quando cheguei em frente ao local, para a minha surpresa, era uma escola de inglês. Fiquei olhando para a escola e para o anúncio para ver se eu estava no local correto. Não sei explicar, mas naquele momento senti um frio na barriga que nunca havia sentido em nenhuma outra entrevista em que havia participado, mas comecei a relutar comigo mesmo se entrava para deixar o currículo ou não.

Na adolescência, eu só ia à escola para me divertir e encontrar meus amigos. Nunca fui de estudar e tive que correr atrás desse prejuízo na vida adulta. Ficava argumentando comigo mesmo na frente daquela escola: "Não falo nem o português direito, o que eu quero conseguir em uma escola de inglês?". Porém, *quando existe o propósito, Deus envia os recursos.* Com frio na barriga e meio desconfiado, entrei para participar de mais um processo seletivo. Realizei a entrevista de emprego, mas não compreendi quase nada do que o entrevistador falou. As únicas informações que eu havia entendido eram: que a vaga era para vender cursos, que eu havia sido escolhido para participar da seleção que iria começar no dia seguinte e que, se eu batesse as metas da empresa, poderia me tornar gerente.

Conforme o combinado, compareci no dia seguinte às oito horas da manhã para participar dessa seleção. Recordo-me de que havia uma média de 20 pessoas participando, e todo mundo parecia meio desconfiado com a vaga, mas, conforme o processo seletivo foi acontecendo, fui ficando cada vez mais encantado com a oportunidade e mais uma vez decidi fazer o meu melhor, afinal, eu nunca tinha sentido uma atmosfera tão positiva em uma seleção em que havia participado anteriormente. Durante o processo inteiro, os gerentes motivaram a todos e mostraram que aquela escola de inglês, de que eu nunca havia ouvido falar e tinha grande dificuldade em pronunciar o nome, seria a oportunidade que poderia fazer eu prosperar na vida. Pessoas jovens vestindo ternos, falando de sucesso e prosperidade financeira o tempo todo; as referências de pessoas que eu tinha até aquele momento eram totalmente opostas, e aquilo mexeu comigo; mergulhei de cabeça para ser selecionado e iniciar nessa empresa.

Depois desses três dias intensos de dinâmicas e avaliações, informaram-nos que as pessoas selecionadas receberiam apenas comissão dos cursos vendidos, não receberiam salário fixo, nem vale-transporte. Vendeu, ganha; se não vendeu, volta para casa com o bolso vazio.

Muitos desistiram de iniciar quando foi anunciado que os ganhos seriam dessa forma. Confesso que aquilo até me deixou mais motivado, pois a concorrência pelas vagas havia diminuído e, quanto menos pessoas se candidatavam, mais chances eu teria de continuar.

Iniciei nesse trabalho e a primeira coisa que ouvi foi que estava sendo enganado, não existia trabalho nessas condições, e, enquanto eu dava ouvidos para essas pessoas que só queriam me "aconselhar", não percebi, mas mais uma vez estava dando espaço para contaminarem o meu coração.

O meu começo foi muito difícil, pois tinha muita dificuldade para vender esses cursos e eu pensava em desistir, mas, sempre que tinha coragem de comunicar ao meu gerente que não voltaria, algo invisível me impedia de fazer isso, provavelmente porque me lembrava da vida que levava anteriormente, quando me sentia um inútil.

No meu primeiro mês, a minha produção foi abaixo do esperado e o primeiro salário que recebi dessa empresa foi exatamente 50 reais, equivalendo a 20% do salário mínimo da época. Recebi o dinheiro e, alguns minutos depois, deixei com a tia da cantina para pagar a conta dos salgados que peguei fiado com ela naquele mês.

Conforme o tempo foi passando, fui estudando e aprendendo técnicas de vendas, e a verdadeira mudança aconteceu no terceiro mês, quando meu líder e mentor criticou a minha baixa produção (com razão) e colocou metade da equipe com uma meta de vendas para atingir, assim quem não atingisse a meta estaria fora da empresa. Aquela reunião de cobrança me deixou atordoado e foi o primeiro grande aprendizado que tive no mundo *business*. Foi aí que comecei a moldar a minha mentalidade e a pensar no compromisso que todo colaborador tem que ter com os objetivos e resultados da empresa, pois esse momento me fez recordar que, caso não batesse a meta, eu iria reviver todo o estresse de estar desempregado, tendo que aceitar o primeiro emprego que aparecesse na minha frente, e me sentiria mais uma vez frustrado com a vida.

Orei a Deus e pedi que, se ali fosse de fato o lugar onde a minha vida iria mudar, que Ele abrisse os meus caminhos e me ajudasse a bater essa meta. Trabalhei muito nessa semana, uma média de 12 a 14 horas por dia, e, quando a semana acabou, fui o único da equipe que entregou o resultado solicitado.

Fiquei muito feliz com o reconhecimento que recebi por parte dos meus líderes, mas principalmente por compreender que eu não estava sozinho, pois Deus havia escutado as minhas orações.

O que vendi naquela semana não havia sido vendido nos dois meses anteriores, e o sentimento de escassez que por muitos anos me assombrou deixou de existir no meu coração.

Desse início conturbado para os dias atuais, passaram-se quase 20 anos na mesma profissão, e muitas bênçãos aconteceram: conquistei o cargo de gerente em um ano, depois fui promovido para o cargo de gerente regional, bati muitas metas de vendas e, principalmente, formei muitos líderes que iniciaram nas mesmas condições que eu. Sou muito grato a Deus, pois naquele lugar tive grandes mentores que mudaram a minha vida para sempre. Trabalhar desde o início por comissão me ensinou a criar uma mentalidade empreendedora.

Até que, por razões particulares, no ano de 2009, me desliguei dessa empresa para começar a viver um novo propósito e me tornei empreendedor.

Como na maioria de todas as histórias, o começo no empreendedorismo foi muito difícil, pois não tinha dinheiro, recursos e noção nenhuma de como funcionava uma empresa. A visão que eu tinha, e que me tornei referência, era na área comercial, por isso tive muitas dificuldades e prejuízos para entender a dinâmica do negócio como um todo.

Nesse período do meu desligamento para a preparação de abrir o meu negócio, um fato inusitado aconteceu: não sei como vazou a informação, mas, sem eu entregar um currículo sequer, comecei a receber propostas de outras redes de idiomas que estavam me convidando para trabalhar como gestor regional. Antes de iniciar nessa profissão, eu implorava por uma oportunidade, e, depois de alguns anos, as empresas estavam vindo atrás de mim. Participei de algumas reuniões, mas, naquele momento, eu não queria nenhum compromisso CLT, pois, no meu coração, já existia o sonho de empreender.

Cheguei a receber proposta de trabalho para ganhar três vezes mais o salário que recebia na empresa anterior, o que, para mim, que estava "desempregado", era um dinheirão, principalmente porque me fez recordar que o meu primeiro salário nessa profissão foi exatamente 50 reais.

Conversei com algumas pessoas próximas a mim e todas pediram para eu aceitar essa oferta, mas, por alguma razão, ela não tocou no meu coração e mais uma vez declinei. A grande verdade é que não me via trabalhando na concorrência, ou eu continuaria na empresa que estava, pois tinha grande carinho e admiração por todos, ou começaria o meu projeto, mesmo sem garantia de sucesso.

Mas, resumindo toda a história, para eu não ficar desempregado e sem nenhuma renda, vendi pelo valor de dois mil reais uma consultoria para uma escola de inglês que era nova na cidade e comecei a vender cursos de informática nas cidades da região. Nesse período, cheguei a ir a um evento para vender cervejas na porta de um show de rock.

Quando existe o propósito, Deus envia os recursos; nos meses em que fiquei nessa situação, uma grande porta se abriu em um cursinho pré-vestibular, para sublocar salas de aulas nos horários disponíveis. Combinamos que o pagamento do aluguel seria equivalente a 25% do faturamento bruto gerado pelos alunos matriculados. Nos primeiros três meses, conseguimos matricular uma média de 300 alunos, e foi assim que comecei a trilhar a minha carreira no empreendedorismo. Esse período foi muito legal, aprendi muito e trabalhava 18 horas por dia, as quais passavam sem eu perceber. Não podíamos ter nenhum *banner* externo divulgando a escola e não tínhamos nem um nome oficial da marca registrado.

Meses depois do início, com mais de 400 alunos ativos, a proprietária do imóvel disse que estava sendo despejada e que tínhamos somente 30 dias para sair dali. Fiquei desesperado, pois não sabia onde colocaria esses alunos, também não tinha dinheiro para alugar aquela estrutura toda sozinho — o que mais me frustrava é que sempre paguei a sublocação do espaço em dia. Pedi mais uma vez uma orientação para Deus e consegui, em abril de 2010, com fachada e banners externos, alugar um imóvel às pressas e iniciar no novo endereço exclusivo da Newcastle, considerada oficialmente a primeira unidade da marca.

O empreendedorismo ensinou que o propósito é mais importante que o dinheiro, provando que Deus envia os recursos, provando verdadeira a famosa frase:

> Quando existe o propósito,
> Deus envia os recursos.

No momento em que escrevo esse livro, e a Newcastle Idiomas já matriculou milhares de alunos na região de Campinas (SP), foi líder de mercado, foi eleita a escola com a melhor metodologia de ensino e reconhecida com duas certificações internacionais; tem a maior carga horária de aulas presenciais e online do Brasil e é a marca mais bem avaliada em todas as mídias sociais. É a marca que mais cresceu na região, e temos a honra e a gratidão de ter várias personalidades famosas como alunos e parceiros.

Trabalhar com meu pai, que me ensinou muitas lições valiosas para o mundo real, depois como vendedor sem um salário fixo e começar a desenvolver uma carreira profissional até me tornar empreendedor, me deu muitas lições que me impulsionaram para o mundo.

Mas a lição mais importante que aprendi foi que Deus tem uma grande promessa para cada pessoa viver e muitas oportunidades surgem por meio de grandes desafios que parecem problemas ou dificuldades.

Já tomei muitas "porradas" no mundo empresarial, tive decepções com pessoas em quem confiei, mas também Deus me concedeu grandes vitórias em situações em que parecia estar perdido.

Muitas vezes presenciei o milagre da matrícula acontecer, o milagre de fazer o gol no último minuto da prorrogação e bater uma meta, e isso só foi possível porque Deus nos concedeu essas bênçãos. Aprendi que, nas derrotas, Deus nos livra de algo ruim ou nos prepara para algo maior, e que, mesmo sentindo a frustração de não obter êxito, devemos ser gratos.

Hoje, a Newcastle gera centenas de empregos e atende milhares de alunos, e eu quis contar um pouco da minha história não para me envaidecer, mas para mostrar que, antes de começar a trabalhar como vendedor de cursos de inglês, várias portas se fecharam para mim, e viver toda aquela frustração me preparou emocionalmente para o que estava por vir. Assim, aprendi a ser resiliente nos momentos difíceis e a ter coragem para acreditar na vitória.

Muitas vezes, não compreendemos o que nos acontece, temos que lidar com situações que não imaginamos, e viver esse período no deserto, onde entregava dezenas de currículos toda semana e quase nenhuma empresa me chamava para uma entrevista, foi fundamental para me preparar para viver o propósito que Deus iria colocar na minha vida.

Nunca se esqueça de que você é uma águia, e mesmo quando, por alguma razão ou circunstância, estiver vivendo com patos, continuará sendo uma águia. Mude suas referências, acredite no seu potencial, persista, enxergue oportunidades nas pequenas portas que se abrem para você, pois através dessas pequenas portas você vai abrir suas asas e realizar o voo da vitória.

VOCÊ TEM
UM GRANDE
POTENCIAL
DENTRO DE SI.

HISTÓRIAS GRANDES TÊM INÍCIOS PEQUENOS E GRANDES BATALHAS

PRINCÍPIOS PODEROSOS
PARA RECOMEÇAR

ABRAHAM LINCOLN

A história desse homem é grandiosa. Desde muito jovem, teve que aprender a lidar com muitas perdas, mas fez de todas essas adversidades uma grande vitória em sua vida, construindo um legado que deixou seu nome marcado para sempre na história do seu país.

Abraham Lincoln nasceu em 1809 e, quando tinha 7 anos, já trabalhava no campo para ajudar sua família. Nessa idade, já viveu a sua primeira dificuldade, pois seu pai perdeu as terras de sua família e foi obrigado a se mudar.

Na infância, no ano de 1818, ele perdeu sua mãe — acredita-se que ela tenha falecido em decorrência da ingestão de leite contaminado pela toxina da planta serpentária branca. Depois da morte da esposa, seu pai casou-se com Sarah Bush Johnston, com quem Abraham sempre teve um bom relacionamento.

Em 1828, ele perdeu sua irmã e, três anos depois, faliu. Durante a sua vida, trabalhou em várias profissões, mas foi na política que encontrou o seu verdadeiro propósito de vida e mudou a história dos Estados Unidos para sempre.

Em 1835, ele conheceu Ann Rutledge, os dois se apaixonaram e ficaram noivos —, ela faleceu com 22 anos. Em 1836, ele entrou em uma depressão profunda e permaneceu acamado por seis meses, mas conseguiu se levantar. Nesse mesmo ano, concorreu novamente às eleições legislativas e perdeu.

Em 1842, ele se casou com Mary Todd Lincoln, a mulher com quem passaria toda a sua vida. Eles se apaixonaram, ficaram noivos, casaram e tiveram quatro filhos. Em 1850, Abraham Lincoln e sua esposa, Mary, perderam o seu filho Eddie (3 anos), vítima de uma doença não definida, diagnosticada por alguns como tuberculose pulmonar. Dez meses após a morte de Eddie, a primeira dama deu à luz a Willie, mas, em 1862, aos 11 anos, de febre tifoide, o menino também faleceu.

Eles ainda sofreriam a morte de um terceiro filho, Tad, vítima de doença pulmonar aos 18 anos, em 1871. Dos quatro filhos do casal, somente o mais velho, Robert, chegou à idade adulta.

Enquanto viviam esses dramas e aflições na vida pessoal, Abraham continuava colecionando derrotas na carreira profissional. Em 1843, ele se apresentou ao Congresso e perdeu. Em 1845, apresentou-se ao Congresso de novo e novamente perdeu. Em 1854, concorreu ao Senado e perdeu. Em 1856, concorreu a vice-presidente e perdeu. Em 1858, voltou a concorrer ao Senado, perdendo mais uma vez.

Observando a biografia de Abraham Lincoln até aqui, parece que a sua vida foi repleta de perdas, sofrimentos e derrotas, mas o que o mundo não sabia é que esse homem estava sendo lapidado para viver o seu grande propósito que mudou para sempre a história do seu país.

Em 1860, foi eleito presidente dos Estados Unidos, e para muitos considerado o melhor presidente da história de seu país.

Um homem super respeitado, com índole e caráter correto, independente das circunstâncias que teve que enfrentar, seu rosto está estampado em vários lugares, sendo reconhecido até hoje como um dos maiores inspiradores da democracia moderna americana. Sempre defendeu as causas dos mais pobres e foi o presidente que aboliu a escravidão nos Estados Unidos.

Abraham Lincoln viveu pelo seu propósito de vida e a cada dificuldade que enfrentou, teve mais inspiração e coragem para combater o bom combate, e isso foi até o último segundo de sua vida; no dia 15 de abril de 1865, seu nome e seu legado entraram definitivamente para a história, ao ser covardemente assassinado enquanto assistia a uma peça de teatro.

3º

princípio

BAMBU-CHINÊS

U**m grande exemplo sobre paciência e persistência que a** *natureza nos presenteou é o bambu-chinês, uma planta que chega a atingir 25 metros de altura e impressiona pelo seu tamanho. Mas você sabia que a semente do bambu-chinês demora aproximadamente cinco anos para começar a crescer após plantada?*

Durante todo esse período, apenas um pequeno broto pode ser avistado, porque todo o seu crescimento acontece no subsolo: uma complexa estrutura de raiz que se estende pela terra está sendo construída, então, ao final do quinto ano de plantação, o bambu-chinês cresce até atingir a sua altura máxima.

Com a sua vida e seus projetos não são diferentes: todo verdadeiro progresso necessita de tempo para ser desenvolvido e crescer. O grande mal que existe em muitos ambientes é a pressão que se cria para ter resultado para ontem. As pessoas não entendem a importância de viver o processo de aprendizado e desenvolvimento; plantam uma semente hoje e já querem ter uma árvore de 25 metros amanhã, mesmo sabendo que isso não vai acontecer, que é uma ilusão, mas, por alguma razão, criam expectativas que não respeitam a realidade e, como consequência, criam uma frustração desnecessária. Muitas pessoas buscam realizar seu sonho começando pelo resultado em vez de começar pelo início.

Todo projeto grande demora um tempo para crescer, e muito mais importante e eficaz que a velocidade em adquirir resultados, é a constância de dedicação e comprometimento.

Se você deseja crescer ou recomeçar algo que não deu certo, tem que entender a importância do tempo e saber utilizá-lo a seu favor; compreender desde o início que qualquer coisa que você queira realizar, com os valores e princípios corretos, tem o poder de mudar a sua vida para melhor; você vai ter que investir muito tempo, energia, esforço e trabalho no seu projeto e, mesmo assim, não terá garantia de resultados, e muitas vezes os resultados podem não aparecer para o mundo na forma e no tempo que você gostaria, mas isso não pode te desanimar.

Igual ao bambu-chinês, que desenvolve raízes fortes para depois começar a crescer, todas as pessoas que entenderem a importância de respeitar cada etapa do processo têm grandes chances de obter êxito.

Quem não tiver paciência e resiliência para respeitar esse processo tem grandes chances de não cruzar a linha de chegada.

Tem uma frase célebre de um artista americano do século passado que condiz com a mensagem deste capítulo:

"Trabalhei duro por vinte anos para me tornar um sucesso do dia para a noite."

— Eddie Cantor

A paciência é uma virtude do ser humano baseada no autocontrole emocional, ou seja, ela está presente quando o indivíduo suporta situações desagradáveis sem perder a calma e a concentração; é baseada, sobretudo, na tolerância com os erros de outros ou diante de situações e eventos indesejados.

Pessoas frustradas e impacientes têm a necessidade de justificar seus fracassos desmerecendo outras pessoas, por isso, cuidado para não cair nessa armadilha, busque a sua evolução com cada situação.

Respeitar o tempo e ter paciência vale para todos os âmbitos da vida; para construir algo sólido e verdadeiro, é necessário entender a importância de respeitar cada etapa do processo. Tempos de crises mostram ao mundo que a estabilidade não existe e que a qualquer momento tudo pode mudar, mas mostram também a importância de se desenvolver em bases sólidas, pois a resiliência é muito maior. O mundo está repleto de talentosos fracassados, pessoas que contam muitas histórias sobre os feitos que realizaram em suas vidas, mas que desistiram nos primeiros obstáculos ou sempre cederam às primeiras tentações e mudaram o foco das suas vidas, mas quem procura atalhos não vai encontrar o verdadeiro caminho, pois é fundamental se firmar naquilo que se propõe a fazer.

> Quem faz um pouco de tudo não compreende que, para se tornar uma autoridade em algo, tem que ter muito tempo de dedicação.

Histórias grandes têm inícios pequenos e grandes batalhas. Compartilhamos, nesta obra, muitos exemplos de pessoas que saíram de uma situação negativa, na qual pareciam estar vivendo o fim, para construírem histórias vitoriosas, cada uma com a sua particularidade, mas todas têm algo em comum: **tiveram que ter paciência e persistência para lidar com os momentos difíceis**; em algum momento tiveram, em suas mãos, o poder de desistir, mas decidiram prosseguir, mesmo com o amargor de passar por momentos difíceis. Derrotas! Quem gosta delas? A derrota costuma nos trazer tristeza, frustração e, muitas vezes, dor. E, por nos aproximarmos desses sentimentos, não gostamos muito da presença delas em nossas vidas. Muitas pessoas sofrem grandes golpes quando são derrotadas, a derrota exerce tamanho impacto na vida delas que costumam perder a motivação para prosseguir em seus objetivos, ou para viver o seu propósito de vida.

Tem pessoas que sentem tanto a derrota que ficam tristes, ansiosas, depressivas e se perguntam se conseguirão superar a queda, outras ficam inseguras e pensam em desistir. Ao encararem a batalha perdida como algo determinante para o resto dos seus dias, perdem a crença de que serão vitoriosos. Alguns encaram a derrota com a sensação de estar no fundo do poço, mas **o fundo do poço nos ensina lições que o topo da montanha jamais ensinará**; momentos difíceis constroem pessoas fortes, e passar pelas mazelas da vida pode ter o poder de virar a chave no seu subconsciente, o que vai lhe impulsionar para viver o extraordinário que hoje você ainda não consegue visualizar.

As derrotas têm um grande poder de aprendizado na vida de qualquer um. Algumas derrotas vão lhe trazer solidão; outras, falta de esperança e um olhar mais crítico sobre tudo o que precisa mudar; outras, ainda, vão trazer poder de responsabilidade, pois existem momentos em que é somente você e Deus. Mas, independentemente da frustração que a derrota te trará, é importante que você viva esse momento e tenha humildade para aprender com tudo o que aconteceu e avaliar se vale a pena continuar na mesma direção.

Existem derrotas que são o fim de um ciclo, e uma nova história precisa ser iniciada. Enquanto existem derrotas em que você deve continuar persistindo na rota em que está, o que não adianta fazer é se desesperar pelos resultados adversos. Grandes milagres acontecem na vida de quem tem fé, acredita no sobrenatural e no poder de realização de Deus, mas milagres acontecem na vida das pessoas que de fato trabalham duro.

Quem é empreendedor sabe disto: passa-se por muitos insucessos até chegar ao êxito. São inúmeras tentativas e correções de rotas, muita paciência e persistência. Ser empreendedor lhe coloca em uma posição que você é confrontado toda semana com seus resultados, então, junto ao fato de ter cobranças constantes, o empreendedor nunca pode se dar ao luxo de ficar na zona de conforto, pois, por mais vitórias que tenham sido adquiridas através do seu projeto, sempre há um novo desafio à sua frente. Empreender vai lhe ensinar a lidar melhor com as derrotas e não se iludir com as vitórias, vai lhe ensinar a ter paciência. Para recomeçar a vida, você vai precisar acreditar que cada dia é uma nova oportunidade para refazer o que deu errado.

Pensamentos positivos constroem vidas positivas; pensamentos negativos vão lhe afundar cada vez mais. *Se você é o que você pensa, no que tem pensado ultimamente?*

Seus pensamentos influenciam as suas ações, nunca é tarde para aprender, e a forma de encarar a frustração é o que vai determinar os que vão ter ou não êxito.

Busque encontrar alguém que lhe inspire a ser melhor. Existe muita gente boa por aí. Um dia ruim não faz a sua vida ruim, uma derrota é um evento e não faz de você um derrotado.

> Deus não escolhe os capacitados. Deus capacita os escolhidos, e ter a humildade para aprender vai te levar a subir de nível.

Você não é qualquer pessoa; às vezes, o ambiente não vai mudar ao seu redor, mas existem lições que a vida ensina que podem mudar algo dentro de você. Muitas vezes vamos ver situações extremamente desafiadoras, ambientes totalmente pessi mistas, mas nós não somos movidos por aquilo que está ao nosso redor. Para nós, o Sol brilha sempre, pois Deus está no controle de tudo. Felizmente, uma derrota não é o fim, muitas vezes é nascer uma história vitoriosa, uma oportunidade de recomeçar.

A derrota pode até desanimar e te deixar cabisbaixo, e sentir esse amargor é normal, estranho seria se você fosse indiferente. Nesse caso, seria a comprovação de que não se entregou completamente à causa. O que a derrota não pode fazer é matar os seus sonhos de viver dias melhores. Não se permita contaminar por sentimentos negativos, e mesmo que esteja vivendo nesses ambientes, tenha ousadia, procure lugares melhores, pessoas que estimulem você a dar a volta por cima, fuja dos urubus.

Pessoas frustradas parecem urubus, não têm capacidade para nada, mas vivem te cercando, esperando a sua queda somente para atacar a sua ferida e te enfraquecer. O urubu não tem a capacidade de matar, mas passa o dia todo esperando a morte de alguém, alimenta-se disso. Fique atento e tenha cuidado com os urubus que vivem à sua volta, essas pessoas podem estar só fingindo que torcem por você e que desejam a sua evolução, mas, no fundo, só estão torcendo para você cair e não ter força para conquistar aquilo que é merecedor e sempre sonhou. Muitas vezes, nos ambientes em que vivemos, a cada bela impressão que causamos, conquistamos um amigo ou um inimigo, inspiramos ou assustamos. Para ser popular onde vivem os urubus, é necessário ser medíocre, por isso não entre nesse jogo, pois o maior prejudicado vai ser você. Pessoas que são persistentes colocam medo em pessoas que são preguiçosas, raramente um preguiçoso descomprometido vai assumir que a responsabilidade da mudança era dele; agora, uma pessoa quando tem desejo de se desenvolver e melhorar, independentemente dos resultados que esteja colhendo, puxa a responsabilidade, sabe que existe um progresso para cada tentativa e a mudança começa de dentro para fora.

Tenha coragem para enfrentar os gigantes. Não coloque sua atenção nos problemas da vida, pare de potencializar os obstáculos, encare a sua realidade; enquanto você não tem o que quer, você trabalha o que tem. *Vença as suas limitações.*

Tenha ousadia, a hora em que você realizar algo que nunca viveu antes, vai acreditar nos sonhos incríveis que estão por vir.

Faça o que nunca fez, ame como nunca amou. Se você não fizer nada de novo, como vai querer viver uma nova história?

Está na hora de decidir quem você quer ser e parar de focar na vida dos outros.

Seja ousado e faça; se der errado, mude a maneira de fazer. São nas dificuldades que aprendemos a nos guiar melhor; as crises que você viveu te deixaram marcas profundas e grandes ensinamentos; quantos leões, ursos e urubus você já não enfrentou na vida? Garanto que já foram algumas batalhas, garanto que sempre tinha alguma pessoa que não estava torcendo por você, então, se mesmo com esses adversários, você ainda está de pé, continue a sua jornada com coragem e ousadia.

As suas vitórias não são pequenas, são grandes. Um diamante continua sendo diamante, mesmo quando ele está encoberto pela lama.

Não é o que acontece ao seu redor que define o seu valor, e sim as suas ações mediante ao que acontece ao seu redor. Guarde o seu coração e vigie os seus lábios: às vezes, erramos feio quando começamos a expressar palavras negativas sem parar.

Quem não cuida dos seus lábios e transforma pensamentos negativos em palavras, atrai várias energias negativas para si. Durante a pandemia, eu caí nessa perigosa armadilha, quando tivemos que ficar com a empresa fechada, no início estava tranquilo, pois tínhamos uma reserva boa no caixa, e eu, particularmente, não tinha a noção do tamanho do problema que iríamos enfrentar, tanto na parte de saúde pública quanto na economia. Conforme os meses foram passando, e o mundo continuava parado vivendo esse caos, com pessoas com medo de saírem na rua, nossas unidades continuavam fechadas por não serem consideradas serviços essenciais, então nosso faturamento foi diminuindo mês a mês, com centenas de colaboradores e parceiros diretos e indiretos que dependiam e contavam com a Newcastle para poder sustentar sua família todos os meses. Sei que pensar em gestão financeira nessa situação é muito complicado, mas sentir o peso dessa responsabilidade foi algo que, conforme o tempo foi passando, começou a me assustar e desmotivar, principalmente pelo fato de eu não ter demitido nenhuma pessoa devido à pandemia. Eu queria garantir a segurança de que não iríamos virar as costas a todos que contribuíram de alguma forma para a empresa crescer e prosperar.

As notícias eram horríveis, mostrando constantemente que os casos de contaminação aumentavam a cada dia, revelando a guerra política que existe no nosso país, com políticos corruptos se aproveitando de oportunidades para lucrar cada vez mais, empresas falindo diariamente e milhões de pessoas deixando de ter emprego.

Nesse período, pessoas me procuravam para desabafar e compartilhar o medo que estavam sentindo de toda aquela situação e, infelizmente, para contribuir com todo esse cenário, sempre surge àquela pessoa (o famoso urubu) que você já estendeu a mão e já ajudou algumas vezes, que vem e tenta tirar algum tipo de vantagem sobre você, ou de alguma maneira aproveita de situações para ter atitudes reprováveis.

Mas, voltando ao assunto, em algum momento eu me deixei contaminar por energias negativas e comecei a reclamar diariamente, o tempo todo e com a maioria das pessoas da minha convivência, e quando estamos bebendo desse veneno, não percebemos o quão tóxico estamos. Recordo-me de que, em uma determinada noite, estávamos jantando em família, eu, minha esposa e meu filho, e não demorou muito para que eu começasse a reclamar da vida novamente, de todo esse cenário negativo que estávamos vivendo, e apresentasse o medo das incertezas do futuro. Na minha trajetória, nunca pensei em desistir, mas confesso que nesse momento, me sentindo dentro dessa panela de pressão, eu só queria me ver livre desse problema, de ser responsável por centenas de pessoas que, de alguma forma, contavam com a nossa empresa naquele cenário de caos.

Minha esposa ouviu as minhas lamentações e depois começou a contra-argumentar. Ela me mostrou que aquele cara não era eu, que naquele momento eu tinha que ser forte e que, se de alguma forma eu sentia aquele peso, era porque Deus havia colocado em mim essa responsabilidade, pois sabia do meu potencial. Aquele jantar foi, talvez, o mais importante que tive em anos, pois virou uma surra de palavras que eu precisava ouvir. Foi quando compreendi que eu mesmo estava matando a minha essência, e que se continuasse daquela maneira, iria seguir cavando o meu poço, deixando-o cada vez mais fundo e difícil de sair.

Murmurar não te tira do lugar onde está, normalmente, murmurar faz você perecer no lugar onde está, pois, quanto mais você reclama, mais seu coração fica amargo, azedo e rancoroso. **Naquele jantar, a Sr.ª Medina (minha esposa) tirou a minha viseira e fez eu enxergar o quanto estava sendo ingrato com Deus.**

Quem tem sonhos e objetivos tem que ter uma predisposição para enfrentar adversidades sem ter medo das derrotas. Se você quer viver seus sonhos, não pode ser frouxo, não pode ser medroso, não pode ser ingrato.

O que o ímpio teme acontecerá; o que os justos desejam será concedido, isso é um ensinamento bíblico, mas você deve se comportar como o ensinamento manda. Passada a tempestade, o ímpio já não existe, mas o justo permanece firme para sempre.

Seja a pessoa que cura as feridas, e não a que provoca. Tenha fé e creia; a fé é o ativador do ânimo. Pessoas com fé prosperam, pessoas com fé conseguem tirar força de onde não têm.

A vida respeita quem com nada faz muito, quem com o suor do rosto, com as portas fechadas e com as raras oportunidades arruma um espaço na vida, enfrenta exércitos, não foge das responsabilidades.

Enquanto estou escrevendo este livro, iniciou-se mais uma guerra no planeta: a Rússia invadiu a Ucrânia e inocentes estão sendo mortos. Nesse cenário horrível que está sendo noticiado em todo o planeta, um vídeo me chamou muita atenção: cristãos reunidos na Ucrânia louvando a Deus. Esse vídeo é lindo e é a prova de que Deus está em todos os lugares, por isso devemos agradecê-lo sempre e em todas as situações. Mesmo vivendo em um ambiente de guerra com cidades destruídas, essas pessoas se uniram na fé.

Grandes pessoas passam por grandes batalhas e sabem que, mesmo com essas aflições, devem continuar com o coração guardado em Deus.

Faça o melhor que você puder com aquilo que você tiver, não espere ter o melhor para fazer o melhor, pessoas que agem dessa forma nunca realizam nada, passam uma vida inteira esperando o lugar ideal e o recurso ideal para começar e agir.

Respeite o tempo para cada etapa da sua vida, não mate seus sonhos precocemente apenas porque você não quer se preparar. Muitas pessoas não realizam seus sonhos, pois planejam seus caminhos pelo final ao invés de iniciar sua estrada pelo começo, e isso é uma grande ignorância. O sucesso é igual a uma escada: para chegar ao topo, é necessário subir um degrau por vez.

Tudo o que tiver na sua mão para fazer, faça conforme suas forças, com as suas ferramentas, e não espere o melhor cenário, crie o cenário para agir. Quer ser vencedor? Seja corajoso e ande com valentes que lhe inspirem a ser melhor. Fuja dos urubus.

Certa vez, um sábio disse:
"Não tenha medo de começar de novo. Desta vez, você não está começando do zero, está partindo da experiência."

"Não desista dos seus sonhos, sem sonhos a vida não tem brilho, sem metas os sonhos não têm alicerces, sem comprometimento os sonhos não deixam de ser apenas uma ilusão. Sonhe, tenha objetivos, estabeleça prioridades e corra riscos para executar. Melhor errar por tentar, do que não errar por omitir."

— Augusto Cury

FAÇA O
MELHOR QUE
PUDER COM
AQUILO QUE
VOCÊ TIVER.

HISTÓRIAS GRANDES TÊM INÍCIOS PEQUENOS E GRANDES BATALHAS

PRINCÍPIOS PODEROSOS
PARA RECOMEÇAR

J.K. ROWLING

"O fundo do poço se tornou a base sólida sobre a qual reconstruí a minha vida."

A pessoa que disse essa frase foi J.K. Rowling, autora da coletânea *Harry Potter* — estima-se que já vendeu mais de cem milhões de livros no mundo e superou muitas decepções até alcançar o sucesso.

Sua trajetória é guiada por muita persistência, resiliência, e não por uma jogada de sorte para um final feliz, isso porque, antes de a sua obra estourar, J.K. Rowling vivia em uma situação de pobreza e passou por muitas adversidades; provavelmente algumas pessoas já passaram por isso, mas em alguns momentos da vida, parece que, quando algo começa a dar errado, tudo acontece de uma vez. Em um breve período, sua mãe faleceu e ela se divorciou do marido, voltou para a Escócia com sua filha pequena e viveu uma crise financeira muito séria, chegando a depender de ajuda para poder sustentar sua família. Sem emprego, ela não desistiu do seu sonho de infância e começou a escrever a história de *Harry Potter*.

A autora fez o melhor que pôde com os recursos que tinha em mãos. Quando concluiu a obra, Rowling passou por mais um teste de resiliência, pois o seu trabalho foi rejeitado por mais de dez editoras do Reino Unido. Finalmente, quando seu livro foi publicado, a autora estourou de vender seu trabalho e, em pouco tempo, se tornou milionária com as vendas de seus livros.

Por experiência própria, já viveu todas as circunstâncias que o fracasso traz para a vida de uma pessoa. Rowling sabe o poder de ter um propósito que lhe guia, a coragem, persistência e busca contínua pelo seu desenvolvimento, mesmo com os outros querendo lhe tirar do caminho. Compreender que, a cada obstáculo, a cada dificuldade, você tem o poder de sair mais forte e mais sábio para lidar com esse momento significa que você garantiu para sempre a habilidade de sobrevivência. Esse conhecimento é um verdadeiro presente, mesmo que adquirido dolorosamente, pois ele te leva para o próximo degrau da sua vida.

4º princípio

EGO X AUTOCONFIANÇA

Certo dia, estavam reunidos na floresta um pássaro, um *peixe, uma lebre e um pato que conversavam sobre vários assuntos, entre eles, sobre suas habilidades e o quanto elas eram importantes para as adversidades que eles encontravam na floresta, dentre elas, a aproximação de um caçador.*

O pássaro argumentou:

— Ah, se um caçador aparecer, eu saio voando como um foguete, com toda minha força e energia.

O peixe, por sua vez, comentou sobre o assunto:

— Se aparecer um caçador, eu nado como nunca, com toda minha velocidade.

A lebre ponderou:

— No meu caso, se um caçador aparecer, saio correndo tão rápido que não dá nem tempo de ver.

Demonstrando certo ar de superioridade, devido à aparente limitação de seus companheiros, o pato deu um passo à frente e, com todo ego e vaidade que lhe cabia, começou a falar:

— Se um caçador aparecer na floresta, eu não terei problemas em escapar, pois, além de voar, sei nadar e correr. Farei qualquer uma dessas coisas, pois tenho várias habilidades, usarei a que for mais conveniente.

A conversa seguia seu rumo, quando, de repente, surgiu um caçador na floresta.

Sem demoras, o pássaro alçou voo, o peixe nadou rapidamente para o fundo do rio, e a lebre saiu em disparada. O pato, porém, foi apanhado sem demora. Com tantas habilidades, não conseguiu definir a tempo a melhor estratégia de fuga.

O ego desenvolve a arrogância e, no caso do pato, que era um nadador medíocre, voava com dificuldade e corria devagar, fez com que nunca enxergasse as suas limitações para que pudesse desenvolver melhores habilidades, o que o transformou em presa fácil para os caçadores.

> O ego é o veneno da autoconfiança: achar-se demais pode te levar à ruína.

Muitas pessoas se perdem nesse sentimento quando conquistam algum reconhecimento, ou quando se acham melhores que as outras.

A autoconfiança é a segurança que temos em nós mesmos e em nossas capacidades para desenvolver alguma atividade. Para você desenvolver essa característica, é importante ter pensamentos positivos e muita disposição de aprender e se preparar.

Autoconfiança não é perfeição, e sim confiar nas suas habilidades para realizar o que se propõe a fazer. Ter um nível saudável de autoconfiança vai ajudá-lo a ter sucesso na vida pessoal e profissional.

A humildade é a virtude que consiste em conhecer suas próprias limitações e fraquezas e agir de acordo com essa consciência. Refere-se à qualidade daqueles que não tentam se projetar sobre as outras pessoas, nem se mostrar superiores a elas.

A humildade é o que separa o egocêntrico do autoconfiante, pois a pessoa que não tiver humildade nunca estará aberta a novos aprendizados. Uma pessoa egocêntrica não tem a capacidade de enxergar além das suas convicções por acreditar que a sua maneira de ver o mundo é única e verdadeira e, com isso, se fecha para novos aprendizados. Não se pode encontrar a solução de um problema usando a mesma consciência que criou o problema. É preciso elevar a consciência, é preciso ter humildade.

Albert Einstein disse uma vez:

"Tenha vontade de aprender. Eu não tenho nenhum talento especial, apenas sou apaixonado por aprender."

Se você deseja se desenvolver, recomeçar e melhorar como ser humano, tenha humildade de aprender com todos os que estão à sua volta. Muitas pessoas agem igual ao pato, por gostarem de falar sobre si mesmas e sobre os seus pontos fortes, e, quando recebem algum *feedback*, não se atentam, pois não gostam de escutar sobre o que precisam melhorar; muitas vezes, a pessoa que você menos espera pode te dar um conselho que pode transformar sua vida.

Reflita sobre as suas atitudes e avalie se não tem uma postura arrogante nos ambientes em que frequenta. Para ser uma pessoa que agrega valor por onde passa, tenha humildade com todos, seja o burro entre os inteligentes, e não o inteligente entre os burros. Não deixe a soberba te dominar e se relacione com pessoas que lhe acrescentem sabedoria. Muitas vezes, devido ao ego, você quer ser o inteligente entre todo mundo e acaba andando com pessoas frustradas e vítimas delas mesmas, mas não ande com essas pessoas, porque você pode ser contaminado por elas, e não é você que vai conseguir mudá-las.

Não se permita ser hospedeiro para parasitas e, em vez disso, frequente ambientes que lhe agreguem conhecimento, maturidade, autoestima, motivação, relacione-se com pessoas que lhe tragam valor e que apoiem os seus sonhos.

Chama-se de parasita todo e qualquer organismo que vive em associação com outro organismo e estabelece uma relação de parasitismo com esse indivíduo.

O parasitismo é uma relação interespecífica em que um dos envolvidos é prejudicado. Nessa interação, um organismo (parasita) instala-se em outro (hospedeiro) com o objetivo de se alimentar dele.

Se você já conviveu com alguém que apagou o seu brilho ou diminuiu o seu valor, tome cuidado, pois você serviu de hospedeiro para parasitas. Essas pessoas surgem para exercer influência negativa sobre você, e, se tiveram esse poder, foi porque, de alguma forma, você se deixou influenciar. Cuidado com os invejosos, com as pessoas que olham para você com olhar de inveja.

Você pode ter muitos conhecidos, mas poucos estarão torcendo verdadeiramente por você, mas não se sinta magoado, pois isso é normal, é inerente ao ser humano. O ser humano tem a necessidade de estar acima do outro, de se sentir melhor que o outro, as pessoas querem ter pena de você, não querem te admirar.

Deixa-me te explicar uma coisa. Antes da pergunta "O que você vai ser quando crescer?", você deve questionar: "O que você vai fazer para crescer?".

Se não estudar, você não cresce; se não quebrar as barreiras dos seus limites emocionais, você não vai crescer.

Faça bom uso das oportunidades que Deus te der. Tudo o que você fizer, faça bem feito, toda boa oportunidade vai ter dificuldade. Faça um esforço para ser humilde quando as coisas estiverem indo bem e se perdoe quando as coisas estiverem indo mal, seja legal com todos, não diminua quem está abaixo de você, ostente menos, poucas pessoas ainda se surpreendem com ostentações vazias, já que o verdadeiro valor do ser humano está no impacto positivo que transmite para o próximo.

Fique de olhos abertos, saiba enxergar a vida, pois, mesmo em períodos de dificuldades, pessoas autoconfiantes continuam se empenhando com a mesma intensidade, porque sabem dos seus compromissos e responsabilidades e sabem que, para períodos de crises chegarem ao fim, é necessário muito esforço e dedicação, por isso, delegar responsabilidades que são individuais não vai fazer a crise terminar.

Tenha sonhos, imagine-se chegando lá, visualize tudo o que você deseja alcançar e acredite na força do seu mapa mental, pois é a pré-visualização do que pode acontecer na sua vida.

Tenha perseverança, pois persistir é algo impagável que te ajuda a ficar confiante para viver o seu propósito. Pessoas perseverantes agem com constância e desenvolvem a sua fé. Pessoas perseverantes têm mais autoconfiança e resiliência para recomeçar.

Verifique como está a energia das pessoas com quem você compartilha os seus sonhos, avalie se elas estão vibrando com você ou se sentem incomodadas quando você fala. Se você perceber que, quando você compartilha seus projetos, está incomodando alguém, pare de compartilhar seus sonhos com essa pessoa, para não gerar mais energia negativa ao seu redor. Não quero ser repetitivo, mas entenda de uma vez por todas: **existem pessoas do seu convívio que não vão torcer por você.**

Existe um teste infalível para você avaliar se uma pessoa torce por você.

Olhe nos olhos dela e conte uma história triste, diga que está na pior e que está passando por grandes dificuldades e observe a reação. Espere um tempo e faça o contrário com a mesma pessoa: conte que você está muito bem, que deu a volta por cima, que está tudo dando certo e faça a mesma avaliação, observe a reação nas duas situações. Se ela ficar feliz com a sua felicidade, ela tem uma verdadeira admiração por você. Se ela se sentir incomodada, fique atento e pare de compartilhar seus sonhos e sua vida com essa pessoa. Infelizmente é assim que você vai ter que agir daqui para frente.

Desde o início da humanidade, pessoas têm atitudes reprováveis devido ao ego e à inveja. Provavelmente, você já ouviu sobre a história bíblica de Caim, que matou seu irmão, Abel, por inveja. Essa história está descrita na Bíblia (o livro das Sagradas Escrituras), em Gênesis, capítulo quatro.

> "Caim trouxe dos frutos da terra, enquanto Abel ofereceu as primícias de seu rebanho. Deus se agradou de Abel e de sua oferta, mas rejeitou Caim e a dele. Em vez de reconhecer seu erro e seguir o exemplo do irmão, Caim foi consumido pela inveja e decidiu matá-lo. Seu ódio velado transformou-se em dissimulação criminosa."

Muitas pessoas se sentem incomodadas quando outras, ao seu redor, estão brilhando. É muito comum esse tipo de ruptura acontecer até mesmo entre amigos, casais, irmãos e familiares. Quando sentimentos negativos gritam mais alto do que o amor, os venenos conhecidos como ego e inveja começam a ser instaurados nas relações.

Os antigos romanos designavam um conjunto de sentimentos negativos sob a nomenclatura da inveja, que incluía o ciúme, a rivalidade, o ódio, a antipatia e a má vontade. A inveja destrói o que há de melhor em cada ser humano; ao crescer em nosso coração e se apoderar de nossa humanidade, ela nos reveste de outros sentimentos falsos e perigosos. As consequências desses sentimentos são negativas para nossa saúde e para a paz interior, sobretudo para nossa relação com o próximo e com Deus, pois esses sentimentos não pertencem às pessoas de bem. Somos o resultado das pessoas mais próximas com quem convivemos e dos ambientes que frequentamos.

Faça uma análise interna e reflita em quais ambientes e com quais pessoas você compartilha a sua vida. Construa um ciclo de relacionamentos com pessoas positivas para não entrar sem perceber em uma bolha rodeada de negativismo e mediocridade.

Seja forte e confiante, e tudo o que se propor a fazer, faça com amor e busque a orientação de Deus a todo instante. Não se abale com críticas de pessoas que não estenderam a mão para lhe ajudar e não faça o mesmo com as pessoas ao seu redor.

Sabe aquela pessoa do ambiente que você frequenta que se acha demais e, toda vez que se expressa, percebe-se o ego e a vaidade estampados em suas palavras? Pois bem, não seja essa pessoa.

Não deixe o ego te dominar, tenha humildade e seja autoconfiante.

“A humildade precede a honra, mas a soberba precede a queda, e é grande a sua destruição.”

NÃO
DEIXE O
EGO TE
DOMINAR.

HISTÓRIAS GRANDES TÊM INÍCIOS PEQUENOS E GRANDES BATALHAS

PRINCÍPIOS PODEROSOS
PARA RECOMEÇAR

MICHAEL SCHUMACHER

"Eu sempre acreditei que nunca devemos desistir. Você deve sempre continuar lutando, mesmo quando há apenas uma pequena chance."

O **autor desta frase é o heptacampeão do mundo na** Fórmula 1, o piloto alemão Michael Schumacher. Schumacher é o detentor de muitos recordes na sua categoria, e seu nome sempre é citado como uma grande referência do esporte, junto aos maiores nomes da história. Para muitos, Schumacher é uma grande lenda, mas quem conhece a sua trajetória sabe que o seu início com a equipe da Ferrari, que fez seu nome entrar em definitivo para a história como um dos maiores pilotos de corrida de todos os tempos, foi bastante complicado.

O alemão, até então um jovem piloto, era bicampeão da categoria, com títulos conquistados nas temporadas de 1994 e 1995. Estava conquistando espaço e visibilidade deixados pela nossa grande lenda, Ayrton Senna, quando foi contratado pela Ferrari para a temporada de 1996. Tudo indicava que era o casamento perfeito tanto para Michael Schumacher quanto para a charmosa e lendária equipe italiana, que não conquistava um título de piloto campeão mundial desde 1979 e estava desesperada para mostrar ao mundo que ainda podia ser a melhor.

Muita mídia aconteceu nessa temporada, todos os fãs, jornalistas e comentaristas do esporte estavam ansiosos para ver como seria o desempenho dessa parceria, a qual recebeu muitos holofotes na época, e mais uma vez nasceu o testemunho que histórias grandes têm inícios pequenos e grandes batalhas, pois os resultados iniciais não saíram como o esperado, tanto para o piloto quanto para a equipe.

O piloto alemão terminou em terceiro lugar a temporada de 1996 e acabou desclassificado na temporada seguinte, após manobra antidesportiva contra Jacques Villeneuve. Nas temporadas de 1998 e 1999, Schumacher e Ferrari continuaram com problemas na competição e viram o piloto finlandês Mika Hakkinen ser bicampeão mundial com a McLaren.

A grande virada começou no ano 2000, quando Schumacher, que estava sendo bastante questionado, iniciou a temporada vencendo as três primeiras corridas e conseguiu abrir vantagem contra a poderosa McLaren de Mika Hakkinen, que continuava sendo seu principal concorrente naquele ano. Após manter a constância e a regularidade que todo campeão necessita, teve a vitória em Suzuka, a penúltima corrida daquele campeonato, quando Michael chegava à sua oitava vitória na temporada e ficava 12 pontos à frente do segundo colocado, Mika Hakkinen. Como cada vitória valia 10 pontos, o rival finlandês já não poderia mais alcançar o alemão, que se consagrou campeão daquela temporada, conquistando o seu terceiro título mundial, sendo o primeiro com a Ferrari, que encerrava o jejum de 21 anos sem título de pilotos.

O restante da história todos os fãs do automobilismo conhecem, por atingir patamares extraordinários. Digno de uma lenda que construiu um legado muito vitorioso para o esporte, Schumacher foi pentacampeão de Fórmula 1 com a Ferrari, com cinco títulos consecutivos, conquistados nos anos de 2000, 2001, 2002, 2003 e 2004, consagrando-se como um dos maiores pilotos da história e um grande recordista de feitos realizados, colocando a Ferrari no patamar de melhor equipe do mundo.

Seu início não determinou o seu fim. No início da temporada do ano 2000, a imagem de Schumacher já não era mais a unanimidade que havia sido quando iniciou o seu trabalho na nova equipe, e ambos precisavam muito realizar um feito grande para conquistarem a confiança novamente, e Schumacher não desperdiçou a oportunidade, já que muitos diziam que poderia ser a última temporada na equipe caso o título não viesse.

5º princípio

CARREGUE O SEU BALDE

Um professor fez um desafio de resistência com seus alu-
nos: pegou alguns baldes que estavam vazios e apostou por quanto tempo eles conseguiriam segurar o balde sem reclamar, e colocou uma condição para o desafio.

Enquanto os alunos seguravam o balde, o professor faria perguntas da sua matéria. Para quem respondesse corretamente, o balde continuaria vazio, mas para cada erro, o professor encheria o balde com alguns litros de água. O aluno que resistisse por mais tempo sem deixar o balde transbordar seria o vencedor do desafio e ficaria aprovado na matéria.

A princípio, os alunos acharam o desafio fácil, segurar o balde vazio não parecia algo difícil de executar, porém, conforme foram errando as questões e o professor foi enchendo o balde com alguns litros de água, o desafio foi ficando cada vez mais difícil e pesado. Os braços começaram a cansar e, com isso, faltava concentração para responderem às perguntas com as respostas corretas.

Depois de algum tempo, a exaustão começou a bater e os primeiros alunos começaram a desistir, pois os braços já não aguentavam mais; outros começaram a ser eliminados, pois seus baldes começaram a transbordar.

Para os alunos restantes, o professor continuou aumentando o nível de dificuldade das perguntas e, a cada problema não resolvido, os baldes dos alunos continuavam enchendo de água e ficando mais pesados.

Passado mais algum tempo, nenhum dos alunos concluiu a prova. Os alunos ou permitiram que a água que carregavam nos baldes transbordasse, ou desistiram do desafio.

O que parecia algo muito simples e fácil se tornou difícil e desgastante. O professor venceu o desafio contra todos os alunos com certa facilidade e provou para todos que não resolver problemas só faz com que eles se tornem mais pesados, igual ao desafio que tiveram que cumprir.

Essa fábula transmite uma lição importante para a vida: todos temos os nossos baldes para carregar, já nascemos com eles; alguns baldes são maiores que outros, alguns já estão com a água quase transbordando, enquanto outros continuam praticamente vazios. A verdade é que os baldes se enchem a cada problema ou aflição não resolvida, e quanto mais eles se enchem, mais ficam pesados, o que faz com que seja difícil não só carregar, mas também prosseguir com eles.

Problemas na vida são inevitáveis. Em algum momento, vai acontecer alguma situação que vai gerar desconforto e chateação, principalmente no mundo de hoje, com toda essa pressão que existe na sociedade, a busca pela vida perfeita, a estabilidade e perfeição que não existem fazem com que muitas pessoas transbordem o seu estafe emocional. Quanto maior for a sua evolução, maior a cobrança e a expectativa das pessoas em relação a você. Esses anos de pandemia, que ficaram marcados na história da humanidade, escancararam o desgaste emocional que existe na sociedade, o medo e a insegurança do amanhã fizeram muitas pessoas transbordarem de sentimentos negativos.

Pergunte para o responsável de uma empresa, ou para o responsável por sustentar uma família, as noites em claro que ele provavelmente teve durante esse período. Você se dedica por uma vida inteira, estuda, trabalha, assume responsabilidades e quando parece que as coisas estão fluindo bem, surge um monstro invisível que coloca tudo a perder. A segurança de ter saúde e um emprego digno deixou de existir em um estalar de dedos e, consequentemente, a saúde mental de milhões de pessoas afetadas de alguma forma por todo esse cenário negativo.

"Equilíbrio" é uma palavra fácil de ser escrita, mas, se não tiver controle sobre as suas emoções, é difícil de colocar em prática, sobretudo em situações em que você é confrontado e testado. Pessoas muito temperamentais arriscam colocar tudo a perder por não saber lidar com as suas emoções.

Uma das mentes mais brilhantes de todos os tempos, Albert Einstein havia viajado para o Japão e, chegando ao hotel, como estava sem dinheiro para dar gorjeta ao entregador, deixou uma mensagem escrita em um papel de anotações, que anos depois foi leiloada por 1,3 milhão de dólares. A mensagem, com poucas palavras, mas que ficou famosa em todo o mundo, dizia o seguinte:

> "Uma vida calma e modesta traz mais felicidades do que a busca pelo sucesso combinada à constante inquietação."

Quando estamos com a saúde emocional equilibrada, temos mais discernimento e sabedoria para resolver qualquer problema que estiver à nossa frente. A grande questão é que existem muitas pessoas que não resolvem seus problemas, algumas até parecem gostar de viver coladas com eles, outras criam problemas onde não existe, enxergam as coisas da maneira que querem, mesmo que muitas vezes essa visão seja distorcida da realidade, e ficam alimentando esses sentimentos negativos dentro de si. Conforme esses sentimentos ruins são alimentados, essas pessoas vão se tornando cada dia mais amarguradas e começam a perder a verdadeira essência da vida. Amar o próximo como a ti mesmo.

Infelizmente, quem vive dessa forma vive com o balde pesado e transbordando e, por mais que possam acontecer coisas boas na vida, sempre estão inclinadas com o olhar no negativo.

Esquecem ou não valorizam as bênçãos que receberam, pois sempre estão com o foco no problema ou no confronto.

Se está acontecendo algo que esteja lhe fazendo mal, por amor-próprio, você tem a obrigação e a responsabilidade consigo mesmo de resolver.

Os desafios da vida devem ser solucionados enquanto ainda estão pequenos, o segredo de muitas pessoas de sucesso não é evitar que joguem água no seu balde, pois isso é inevitável, nenhuma pessoa tem o poder de controlar tudo o que lhe acontece, mas o verdadeiro segredo é não deixar o balde transbordar.

> A maneira como reagimos a situações adversas determina o nosso controle e saúde emocional.

Muitas pessoas tentam se enganar achando que o tempo vai cuidar de todos os problemas, ficam empurrando com "a barriga", achando que em algum momento vai acontecer algum milagre e o problema vai desaparecer.

Cada atitude omissa de não resolver tudo aquilo que lhe faz mal, com diálogo, paz e amor no coração, só vai fazer o balde encher, acumular e ficar pesado de sentimentos negativos.

Problemas pequenos se tornam grandes pela omissão em encará-los, ou uma atitude que parece inofensiva se torna destruidora ao se perder o controle sobre ela. Provavelmente, você já conheceu alguma pessoa amargurada que vive os mesmos problemas por anos, problemas que, aos olhos dos outros, parecem simples de resolver, mas o orgulho e a maneira que a pessoa lida com eles deixam transparecer que é algo impossível de chegar ao fim, por isso não consegue prosperar, pois é rígida demais com a vida. Qualquer coisa que acontece já se torna um motivo de briga ou de descontentamento.

Saber lidar e resolver os problemas pode te levar a viver uma vida em abundância; já o oposto vai bloquear o seu progresso. Então, como acreditar em um futuro melhor se está amarrado às amarguras do passado?

Qualquer um pode ter a sua autoestima destruída quando se dá espaço para hábitos ruins entrarem na sua vida. Tem muitas pessoas que carregam o balde com os mesmos problemas por muitos anos, outras se acomodaram ao terem seus baldes carregados por outras pessoas por uma vida inteira, e quando foram forçadas a carregá-lo, não tiveram forças para suportar o peso.

Não tem nada pior do que você ter um sistema mental que te boicota, não tem nada pior do que alojar um inimigo dentro da sua cabeça, pois, quando o inimigo está do lado de fora, você ainda consegue olhar e ver o tamanho que ele tem, consegue encará-lo e dizer que ele não vai conseguir te destruir, mas quando o inimigo está dentro de si, na sua mente, te acompanhando o tempo todo, ele tem o poder de se tornar gigante e desproporcional.

Você é o reflexo dos seus sentimentos e das suas ações. A energia que você transmite para as pessoas e para o mundo é a energia e as vibrações que vai receber. Não jogue a sua vida fora alimentando problemas; **em vez disso, tenha disposição para resolvê-los.**

É possível qualquer ser humano recomeçar a vida de uma maneira melhor. Todos podem e devem mudar e melhorar. A prosperidade na vida vem por meio da evolução contínua. Um dos conceitos básicos para você se desenvolver e criar autorresponsabilidade é carregar o próprio balde. Carregar o próprio balde vai lhe trazer discernimento e consciência sobre suas ações, vai lhe ajudar a ter maturidade e senso de responsabilidade para compreender que todas as suas escolhas, de alguma forma, vão impactar diretamente nos seus resultados da vida.

Sei que é difícil, mas aprender a expressar o que o incomoda e machuca quando ainda é uma ferida pequena poderá ajudá-lo a evitar sentimentos negativos, além de permitir que você se expresse com as melhores palavras em vez de se expressar com as piores ofensas.

Quando estamos transbordando, corremos o risco de perder o controle das nossas emoções; quando estamos descontrolados e de cabeça quente, perdemos o senso de justiça; e aquelas pessoas que não conseguem manter o controle das suas emoções deixam-se levar por conta de seus excessos e vivem com o balde transbordando.

Todos nós somos responsáveis pelos baldes que carregamos, e não sei se isso é uma boa ou má notícia, mas não podemos nos desfazer deles. É necessário que os carreguemos para sempre, e essa responsabilidade é individual.

Quando éramos crianças, nossos pais, geralmente, carregavam o balde por nós, mas, na fase adulta, ninguém pode fazer isso por nós. A cada atitude, a cada comportamento que executamos, o balde ou vai encher, ou vai esvaziar. Felicidade e insatisfação são sentimentos que andam juntos diariamente, e a maneira com que você lida com eles vai determinar aonde você pode chegar e qual desses sentimentos vai se estabelecer na sua vida.

O VERDADEIRO
SEGREDO É NÃO
DEIXAR O BALDE
TRANSBORDAR.

HISTÓRIAS GRANDES TÊM INÍCIOS PEQUENOS E GRANDES BATALHAS

PRINCÍPIOS PODEROSOS
PARA RECOMEÇAR

SYLVESTER STALLONE

Vou compartilhar, neste capítulo, uma das histórias mais impactantes de *Hollywood*, a de um ator que nasceu com uma paralisia facial — a qual lhe rendeu vários apelidos na infância —, que chegou a dormir na rua e mostrou ser um lutador em todos os sentidos da palavra. Seu nome é Sylvester Stallone, "Sly", como também é conhecido; protagonizou grandes filmes no cinema, entre eles, a coletânea de *Rambo*, *Os Mercenários*, *Rocky Balboa* e *Creed*, e é um dos atores mais respeitados da sua geração. Tenho certeza de que, após conhecer a história de superação da vida desse cara, você vai acreditar que, sim, você pode criar uma nova etapa na sua vida. Esse é mais um exemplo da vida real de que histórias grandes têm inícios pequenos e grandes batalhas.

Se você está passando por momentos de crises e dificuldades, saiba que pode se superar e chegar muito mais longe do que imagina.

Em um ponto de sua vida, Stallone estava tão pobre que vendeu as poucas joias que sua mulher tinha. As coisas ficaram tão ruins que ele acabou morando na rua, dormiu na estação de ônibus de Nova Iorque por três dias, incapaz de pagar aluguel ou comprar comida. O fundo do poço chegou quando ele teve de vender seu cachorro em uma loja de bebida para um estranho qualquer, pois não tinha dinheiro para alimentá-lo mais. Ele o vendeu por aproximadamente 40 dólares; entregou seu cachorro e saiu chorando.

"Eu tinha 26 anos, estava totalmente quebrado, totalmente estagnado, tinha apenas duas calças, sapatos com buracos e todos os meus sonhos de sucesso estavam muito distantes... mas eu tinha o meu cachorro, meu melhor amigo, meu confidente, quem sempre ria das minhas piadas e me amava por eu ser quem era."

Stallone escreveu na legenda de uma foto postada, na qual abraça o cachorro.

Duas semanas depois, ele viu uma luta de boxe entre Mohammed Ali e Chuck Wepner, e essa luta o inspirou a escrever o roteiro do filme Rocky. Ele escreveu o roteiro durante 20 horas seguidas, tentou vendê-lo e recebeu a oferta de 125 mil dólares, mas tinha apenas um pedido: ele queria estrelar no filme como personagem principal.

O estúdio disse não, pois queriam uma "estrela" de verdade.

Disseram que ele "tinha um rosto engraçado e falava engraçado", então ele saiu com seu roteiro e, depois de algumas semanas, o estúdio fez uma nova oferta no valor de 250 mil dólares. Stallone mais uma vez recusou, pois não queria abrir mão de ser o intérprete do personagem que criou. Então, foi feita uma última oferta no valor de 350 mil dólares, e mesmo Stallone estando quebrado, sem dinheiro, se sentindo sem dignidade, ainda recusou a oferta.

O estúdio queria o seu filme, mas não o queria como ator principal.

Stallone sabia do propósito que esse filme tinha para a sua vida, talvez não conseguisse naquele momento compreender o quanto sua vida seria transformada, mas sentia uma energia diferente na decisão de ele ser o intérprete de Rocky Balboa. Essa convicção já era certa na sua cabeça, e isso não iria mudar por dinheiro algum.

Ele recusou todas as ofertas de compras do roteiro que não aceitavam a sua exigência de interpretar o personagem principal.

Stallone sempre afirmou que tinha que ser o personagem. Depois de um tempo, o estúdio concordou em lhe dar 35 mil dólares pelo roteiro e o deixaram estrelar no filme. O resto entrou para a história do cinema. Para muitos, as coletâneas de filmes do Sylvester Stallone estão entre as melhores já produzidas.

Quando você tem um propósito, Deus te envia os recursos. O filme *Rocky Balboa* conquistou vários prêmios: de melhor filme, melhor direção e melhor edição. Stallone ainda foi nomeado para concorrer como melhor ator. O filme foi um verdadeiro sucesso.

Ah, lembra-se do cachorro que ele vendeu porque não tinha mais condição de sustentar? Ele o comprou de volta com o dinheiro que recebeu para fazer o filme. Ficou parado na loja por três dias até que o homem voltasse com seu cachorro. O homem se recusou a vendê-lo mesmo por 100 dólares. Stallone, então, ofereceu 500 dólares e ele recusou; ofereceu 1.000 dólares, mas o homem ainda recusou. Acredite ou não, Stallone teve de pagar 15 mil dólares pelo mesmo cachorro que vendera por 40 dólares. O mesmo Stallone que morou na rua, que vendeu seu cachorro, pois não podia alimentá-lo, é um dos maiores ícones do cinema mundial hoje.

Não ter dinheiro é ruim, muito ruim, pois a vida não será fácil. As oportunidades vão surgir apesar de você ser irrelevante; as pessoas desejarão seu produto, mas não quem você é.

É um mundo cruel. Se você ainda não é famoso ou rico, ou bem conectado, você vai achar ainda mais difícil, muitas portas se fecharão. Pessoas roubarão sua glória e esmagarão sua esperança; você vai se esforçar, se esforçar, e nada acontecerá. Então, desolado, quebrado, pobre, por sobrevivência, aceitará trabalhos que não o completam; quem sabe, pode até acabar dormindo na rua.

Mas nunca deixe que destruam o seu sonho. Aconteça o que for, continue sonhando; mesmo quando esmagarem sua esperança, continue sonhando; mesmo quando te deixarem sozinho, continue sonhando. Ninguém, a não ser você mesmo, sabe do que você é capaz. Enquanto você estiver vivo, a sua história ainda não terá acabado.

Vou encerrar este capítulo escrevendo uma cena épica do cinema que transmite a mensagem do personagem Rocky Balboa, a qual Stallone pratica em sua vida.

A cena icônica do filme *Rocky Balboa (2006)* ocorre quando seu filho, Balboa Jr., desabafa com o pai na tentativa de convencê-lo a não lutar, temendo que ele o envergonhasse. A conversa começa com o filho perguntando se Balboa estava nervoso com a luta. Ele admite que sim, ao que o filho rebate: *"Não parece que está"*. Balboa, por sua vez, responde: *"Não posso demonstrar"*. A discussão se desenrola sobre a luta, até que Balboa Jr. confessa o peso que carregar o sobrenome do pai representava em sua vida.

Após ouvir os murmúrios e lamentações de seu filho, Rocky Balboa fez um dos discursos mais épicos da história do cinema, sendo a mensagem que deixo para você e a qual todos devemos carregar para a vida:

Você não vai acreditar, mas você cabia aqui [aponta para a mão]. Eu segurava você e dizia para sua mãe: "Este menino vai ser o melhor menino do mundo. Este menino será melhor do que qualquer um que conhecemos." E você cresceu bom, maravilhoso, foi muito legal ver você crescer, foi um privilégio.

Então chegou a hora de ser adulto e conquistar o mundo; e conquistou.

Mas em algum ponto desse percurso, você mudou, você deixou de ser você.

Agora, deixa as pessoas colocarem o dedo na sua cara e dizerem que você não é bom. E quando as coisas ficam difíceis, você começa a procurar alguma coisa para culpar, como uma sombra.

Eu vou lhe dizer uma coisa que você já sabe: o mundo não é um grande arco-íris. É um lugar sujo, é um lugar cruel, que não quer saber o quanto você é durão, vai botar você de joelhos e você vai ficar de joelhos para sempre se você permitir.

Você, eu ou ninguém, vai bater tão duro quanto a vida. Mas não se trata de bater duro, se trata do quanto você aguenta apanhar e seguir em frente, do quanto você é capaz de aguentar e continuar tentando, é assim que se consegue vencer.

Agora, se você sabe o seu valor, então vá atrás do que você merece, mas tem que ter disposição para apanhar, e nada de ficar apontando dedos e dizendo que você não consegue por causa dele, ou dela, ou de quem quer que seja. Só covardes fazem isso, e você não é covarde.

Você é melhor do que isso!

Eu sempre vou te amar, você é meu filho, meu sangue. Mas se você não acreditar em você mesmo, nunca vai ter uma vida.

ROCKY BALBOA NO MELHOR DISCURSO DO CINEMA.

6º princípio

DIGA-ME

Um homem que morava em um vilarejo com sua família ia para o centro da cidade comprar e vender mercadorias com o seu filho e o seu cavalo.

Quando partiram, foram os três caminhando pela estrada afora.

Conforme caminhavam, foram encontrando pessoas que começaram a opinar sobre a cena que estavam vendo.

— O que você tem na cabeça para levar um cavalo estrada afora sem nada no lombo enquanto você se cansa caminhando e podia estar montado no cavalo? — Disse um homem que passou por eles.

Ouvindo aquilo, o homem montou o filho no cavalo, e os três continuaram seu caminho; caminharam mais um pouco e novamente encontraram outras pessoas que começaram a opinar sobre a cena que estavam vendo.

— Ô menino preguiçoso! Que vergonha deixar o seu pobre pai, um velho, andar a pé enquanto vai montado! — Disse outro homem com quem cruzaram.

Ouvindo essa opinião, o homem tirou o filho de cima do cavalo para ele montar e o filho caminhar. Caminharam mais um pouco e, dessa vez, passaram duas mulheres, e uma disse para a outra:

— Olhe só que sujeito egoísta! O homem vai no cavalo enquanto o filhinho vai caminhando a pé, coitado.

Ouvindo aquilo, o homem fez o menino montar no cavalo na frente delas e novamente caminharam mais um pouco. Então, surgiu uma nova pessoa, com uma nova opinião, que lhe fez uma pergunta:

— Este cavalo é seu?

O homem disse que sim. A pessoa continuou:

— Pois não parece, pelo jeito como o senhor trata o animal. Ora, o senhor é que devia carregar o cavalo em vez de fazer o pobre animal carregar duas pessoas.

Na mesma hora, o homem amarrou as pernas do cavalo num pau, e lá se foram pai e filho aos tropeções carregando o animal para seu destino final. Quando chegaram, todo mundo riu tanto que o homem, enfurecido, jogou o cavalo no rio, pegou o filho pelo braço e voltou para casa.

— Fábula de Esopo

A principal razão pela qual as pessoas falham é porque ouvem muitas pessoas próximas, mas que não têm embasamento nos conselhos que dão.

Fique atento às opiniões que recebe e pergunte como a pessoa chegou naquela conclusão, quais experiências ela viveu e quais aprendizados ela pode compartilhar. Você ama seus amigos e familiares, mas isso não significa que eles sabem mais da sua vida do que você, não significa que você deve seguir todos os conselhos que eles lhe dão. Antes disso, aprenda a selecionar quem são suas verdadeiras referências.

Lembre-se de honrar pai e mãe sempre. Seus pais sempre vão desejar o melhor para você, mas quando você se torna adulto, tem que ter autorresponsabilidade e assumir o controle da sua vida, assumir as suas escolhas e sempre fazer o seu melhor.

Estamos em uma geração em que muitos pais estão cuidando dos seus filhos adultos como se fossem adolescentes.

O resultado disso é a existência de muitos adultos frágeis, que vivem insatisfeitos e sempre terceirizam suas responsabilidades. As pessoas vão dizer para você ir para a faculdade estudar, para conseguir um emprego seguro, mas você quer investir todo o seu tempo para planejar e começar um negócio; seus amigos querem que você saia com eles todos os finais de semana, mas você assumiu responsabilidades de focar nos seus estudos e projetos, que vão lhe render frutos no futuro; você precisa economizar, mas as mídias sociais estão lhe pressionando a viver uma vida de aparências. Eles querem que você faça o que funciona para eles, mas, se você quiser fazer algo diferente, vão te criticar. Pessoas sábias escutam conselhos de outras pessoas antes de decidirem; por isso, peça ajuda e ouça conselhos, mas apenas das pessoas em que você tem confiança, que alcançaram aquilo que você deseja e que torcem verdadeiramente pelo seu progresso. Busque referências reais de pessoas que percorreram o caminho que você deseja percorrer e conquistaram autoridade sobre o assunto que você deseja desenvolver.

Conselhos de pessoas que não passaram pela mesma estrada são rasos e vazios. Como pedir conselhos financeiros para quem não honra os compromissos financeiros? Como pedir conselhos sobre como abrir um negócio para uma pessoa que nunca teve um negócio? Como pedir conselho sobre desenvolver uma carreira profissional para uma pessoa que nunca se firmou em um emprego? Como pedir conselhos amorosos para pessoas que nunca construíram um relacionamento sólido e verdadeiro? E por aí vai. Saiba filtrar os conselhos que ouve de pessoas próximas que não realizaram o que falam; infelizmente, quem não realiza não sabe o caminho que deve ser percorrido, pois ainda não trilhou, e o máximo que pode lhe ensinar é o que não se deve fazer.

O segredo para adquirir sabedoria é estar caminhando ao lado das pessoas certas, que vão falar coisas que talvez lhe desagrade, porém, com autoridade de quem já viveu situação semelhante.

A vida confere autoridade às pessoas que obtiveram êxito naquilo que se propuseram a fazer, por isso, diferencie os conselhos de quem fala e de quem faz.

> Não deixem que roubem a sua identidade e digam o que você tem que fazer.

A pessoa que deseja lhe ver bem respeita o momento que está vivendo; agora, a pessoa que não torce verdadeiramente por você fica o tempo todo querendo tirar o seu foco de algo que você quer realizar, em vez de lhe incentivar a prosseguir, fica tirando a sua atenção.

Quase todo mundo já teve um "conhecido" que sempre foi o dono da razão dos conselhos rasos e sem embasamento, tudo o que você fala, a pessoa contra-argumenta; você fala que precisa se concentrar no estudo ou no trabalho, e ela te chama para uma festa; você fala que deseja namorar ou casar, e a pessoa fala que ser solteiro é mais legal; você fala que deseja fazer uma viagem especial para um lugar X, e a pessoa diz que o Y é muito melhor; e por aí vai.

Pessoas que não realizam ficam com medo de ver outras realizarem. Estão faltando incentivadores de pessoas no mundo, alguém que encoraje o próximo verdadeiramente e fale, olhando nos olhos, que, caso tudo der errado, ainda assim estará ali para lhe incentivar. Existem muitos ladrões de sonhos no mundo, e sabe qual é o mais tenebroso disso tudo? Ficam torcendo para dar errado apenas para não ver o outro progredir.

Há um tempo, eu vivi uma situação dessa, infelizmente entrei em uma sociedade que não deu muito certo, dei espaço para uma pessoa ingressar como sócio em um dos meus projetos, e, depois que ingressou, o resultado foi desastroso.

Depois de muitos anos selecionando bem as parcerias que faço com mais acertos do que erros, dessa vez fiz uma escolha sem consultar a Deus, e o projeto desabou; agi no impulso e colhi os frutos negativos que me trouxeram frustração e aprendizados; busquei selecionar um parceiro apenas pelo seu currículo, sem avaliar seu caráter, ética e verdadeira capacidade profissional.

A minha vontade não era a vontade que Deus queria que eu tivesse feito, e agradeço por esse projeto ter durado pouco tempo e eu ter conseguido me livrar dessa parceria; há males que vem para o bem, e a grande verdade é que eu nunca enxerguei esse percalço que deu errado como algo permanente, foi ruim, amargo, mas as derrotas fazem parte da vida, e uma pessoa vitoriosa não é uma pessoa que vence todas às vezes, mas é alguém que, mesmo com as derrotas que coleciona na vida, não desiste e tem disposição para recomeçar.

Recordo-me de uma coisa que me chateou bastante, uma pessoa muito próxima a mim ficar sempre falando e repetindo a frase: "eu lhe avisei", pois, quando isso ocorre, a pessoa que fala transmite um sentimento negativo para quem está ouvindo, soa como uma ofensa gratuita ou provocação, quando, na verdade, a postura poderia ser de pelo menos um apoio moral, ou, se não estava a fim de ajudar, que demonstrasse menos que estava feliz com a situação.

Infelizmente, no nosso meio de convívio, vão existir pessoas que caminham com você e, também, que não torcem por você. A minha vontade era de contra-argumentar e mostrar com autoridade todos os resultados que eu já tinha produzido e conquistado no mesmo projeto, mas refleti e avaliei que não valeria a pena entrar numa discussão, devido ao meu ego ferido, com uma pessoa que nitidamente estava feliz com a minha derrota. Prefiro pessoas que são ousadas, correm riscos, mas agem na direção de seus sonhos, do que aquelas que não são protagonistas e ficam apontando os dedos sentadas na plateia.

Muitas vezes, o protagonista não tem tempo de viver a dor do problema, pois já está focado no próximo passo.

Enterrei o assunto e a vida prosseguiu.

Cada pessoa oferece aquilo que tem e, nesse caso, conhecendo bem o comportamento dessas pessoas, a que agiu de forma errada comigo e a que me apontou o dedo, não é difícil compreender o porquê de agirem assim. Saber filtrar os conselhos daquilo que ouve é tão importante quanto saber selecionar as pessoas com quem compartilha sua vida.

Quebre as correntes das âncoras que amarram a sua vida e se liberte de uma vez por todas.

Afastar-se de uma pessoa ou dizer não para algo que não queira fazer não é ser antipático, desagradável ou mesquinho; trata-se de uma prova de consideração para consigo mesmo. Esse ato é a afirmação de que você está no caminho do autoconhecimento.

Quem tem dificuldade em se afastar de pessoas que são âncoras e não agregam valor costuma ter uma estrutura de ego frágil, não se conhece bem e, por isso, não respeita seus próprios limites; quem se abre para todas as "oportunidades" que surgem na vida geralmente não agarra nenhuma. Para realizar algo grande, é importante saber selecionar o que escuta e, principalmente, saber dizer não.

Não deixe infelizes estragarem seus dias; quando algo não lhe faz bem, quando as pessoas dizem que você não é capaz de alguma coisa, que aquilo ali não é para você ou aquele não é o seu lugar e que você não é merecedor, na verdade, elas estão expressando apenas o limite delas, e não o seu. As pessoas que não acreditam em si tendem a ter atitudes desprezíveis de fazer com que outras pessoas não desenvolvam os seus limites. Conheça os seus limites, e não os das pessoas em relação a você.

Tenha discernimento e inteligência emocional para não permitir que argumentos negativos interrompam seu progresso. Certifique-se de resolver todos os problemas que surgirem. Na minha experiência como gestor de pessoas e empreendedor, o fator decisivo para os resultados alcançados em cada unidade do nosso grupo é a inteligência emocional do profissional responsável pelo projeto. É claramente perceptível a diferença nos resultados obtidos por profissionais que selecionam os conselhos que recebem, em comparação aos que escutam a todos indiscriminadamente. Ter discernimento ao escolher suas referências permite selecionar a conduta e os valores do caminho que deseja seguir. Isso possibilita decidir se estará no grupo dos infelizes e causadores de problemas ou no dos motivados e solucionadores.

Quem se deixar influenciar por qualquer palavra negativa que ouve, permite que qualquer situação adversa drene a sua energia, corre o risco de colocar muita coisa a perder, pois qualquer faísca tira a sua paz interior e o desvia do caminho do progresso.

Os conselhos que recebemos e aplicamos e as reações que temos quando somos confrontados são determinantes para a qualidade de vida que iremos viver.

Selecione bem as pessoas que vão lhe aconselhar em momentos de pressão. O ser humano muitas vezes não consegue parar para refletir se a voz que está escutando está guiando-lhe na direção correta do seu propósito de vida ou lhe afastando dessa direção.

Tenha atenção com a voz que está guiando o trajeto da sua vida. Uma mente contaminada pode te dizer coisas que te levarão para o caminho errado, para o caminho do pessimismo, da falta de esperança e do medo. E, se tiver o poder de entrar na sua vida, essa voz terá o poder de contaminar e destruir tudo ao seu redor, e o resultado final será ruim.

Se deseja viver uma vida cheia de prosperidade, tem que andar com quem sonha grande. Pare de andar com quem não sonha, com quem não tem futuro, com quem não estuda, não se dedica e não tem perspectiva. Pare de andar com pessoas que só enxergam coisas ruins, pessoas negativas, que se colocam como coitadinhas. Todos temos as nossas lutas.

> “Sabe qual o maior problema do mundo? O seu, pois é você que tem que resolver.

Se você se entregar aos seus problemas ou às influências negativas da sua vida, o desânimo pode fazer você perder os sonhos e as realizações que estão reservadas para você. Pare de ver desgraça em tudo e de dar espaço para que pessoas vomitem as desgraças delas em você.

Pare com a besteira de acreditar que com você tudo é mais difícil, tenha o senso crítico de ter noção de que existem milhões ou bilhões de pessoas que sofrem mais do que você, e quando escrevo isso, é para você entender que tem grande potencial e que *o seu problema é você quem tem que resolver.*

Aprenda a valorizar seus sonhos e seus objetivos; não despreze os dias da sua vida com coisas pequenas.

Todos nós, quando nascemos, ganhamos de presente de Deus um terreno fértil para construir a nossa vida, e esse terreno vai sendo construído aos poucos, conforme vivemos.

Algumas pessoas constroem, no seu terreno, paz, amor, prosperidade, lealdade e esperança; outras acabam construindo negativismo, vitimização e intolerância. Muitas vezes, nesse terreno, você vai perceber que, se a sua terra estiver fértil e a do seu vizinho estiver contaminada, se você não o ajudar a cuidar do terreno dele, talvez dê abertura para ele contaminar o seu.

Muitas pessoas preenchem a sua vida com muitos entulhos e lixos emocionais e, quando se dão conta de que o terreno está cheio dessas sujeiras, se desesperam e percebem que não adianta jogar sementes férteis na sua terra, pois elas não vão frutificar. Para a sua vida começar a dar frutos, você vai ter que ter disposição para limpar o terreno que você deixou sujar, vai ter que ter a coragem e o poder de decisão para excluir tudo o que lhe faz mal, para depois começar a plantar boas sementes e colher bons frutos.

Deus deixou, no universo, uma lei para todos nós, a da semeadura: **colhemos aquilo que plantamos**. Se você deseja resultados extraordinários, faça sacrifícios extraordinários, pois a mudança tem que ser verdadeira.

Sempre faça as coisas da maneira correta e tenha compreensão de que fazer as coisas certas não te deixa imune aos dias de lutas e que essas lutas fazem parte do seu processo de desenvolvimento. Mesmo que você seja vítima de uma situação, continue fazendo o que é certo. Fazer as coisas certas te levará a abster de vários problemas, mas não de todos. Em todas as áreas da sua vida, os problemas estarão sempre presentes, mas a maneira com a qual você lida com eles é que vai determinar o quanto eles pesam.

Tenha paz e tranquilidade nas suas escolhas, não permita que, no seu terreno, joguem as sementes do pessimismo, da vitimização e da imoralidade. Lute pela sua vida e por tudo que você tem de sonhos e valores. A satisfação de você lutar o bom combate com ética e integridade vai te garantir, mesmo nos dias adversos, uma boa noite de sono.

O poder está sempre na sua mão, tudo o que é rígido demais corre o risco de quebrar, tudo o que é mole demais não tem sustentação — é necessário conseguir encontrar o equilíbrio.

Aceite quem você é, e não quem você deveria ser aos olhos dos outros; acredite no seu propósito e na pessoa que pode se tornar; faça as suas escolhas com autorresponsabilidade. Seja HOMEM, seja MULHER. Lembre-se: um tubarão em um aquário de peixe nunca vai desenvolver o seu tamanho real — vai crescer, no máximo, de 20 a 30 centímetros — mas, no oceano, chega a crescer mais de cinco metros. O tubarão nunca vai crescer mais do que o ambiente em que vive, e o mesmo se aplica a você. Muitas vezes nos deixamos influenciar por pessoas com a mentalidade pequena e não crescemos.

Mude as suas referências, o ambiente em que frequenta, as pessoas que escuta e veja o seu crescimento.

HISTÓRIAS GRANDES TÊM INÍCIOS PEQUENOS E GRANDES BATALHAS

PRINCÍPIOS PODEROSOS
PARA RECOMEÇAR

OPRAH WINFREY

"Pense como uma rainha. Uma rainha não tem medo de falhar. O falhanço é mais um trampolim para algo melhor."

Ela compartilhou em rede nacional que foi estuprada quando tinha 9 anos.

Nasceu no dia 29 de janeiro de 1954, em uma família pobre, sua mãe engravidou quando tinha apenas 18 anos, e seus pais nunca se casaram. Foi criada pela avó materna durante os primeiros anos de sua vida e desde muito cedo teve que enfrentar as adversidades e conviver com a maldade que existe no mundo.

Em muitos momentos a vida não vai ser justa e você pode ser vítima desse sistema cruel, mas se seguirmos o exemplo dessa grande mulher, você pode se tornar mais forte, com cada dificuldade que tiver que enfrentar.

Mediante essas circunstâncias de violência e abuso, o início da sua vida demonstrava que ela estava fadada em ser mais uma vítima da sociedade com vários traumas em sua alma, mas apesar da pobreza e da infância difícil, era uma garota bastante inteligente que, desde muito nova, aprendeu a ser resiliente e a transformar a realidade em que vivia.

Engravidou pela primeira vez aos 14 anos e acabou perdendo o bebê. Procurou ser jornalista, mas, ao se envolver emocionalmente com as reportagens que fazia, disseram-lhe que não tinha perfil para a televisão. Aceitou a participação num programa diário, o qual se tornou um sucesso de audiências e acabou por transformá-la numa das personalidades mais icônicas da televisão, bem como uma das mulheres mais ricas e bem-sucedidas do mundo.

Talvez, lendo essa mensagem inicial, você já tenha identificado quem é essa mulher.

Seu nome?

Oprah Winfrey!

Nasceu em um país onde o preconceito racial ainda existe, mas sua cor de pele nunca foi motivo para se colocar como vítima. Mesmo vivendo em uma sociedade racista, pobre, abusada na infância, criada pela avó, o começo de sua vida parecia condená-la ao fracasso, mas ela não desistiu.

Os traumas e a escassez que existiram em sua vida, a pobreza, a falta de referência de pessoas próximas e ser obrigada a recomeçar em vários momentos, mesmo com muitas feridas existentes em seu coração, fizeram essa mulher se tornar referência para todos nós.

Oprah Winfrey chegou muito mais longe do que as estatísticas do mundo e das pessoas diziam que ela podia chegar.

As pessoas que diziam que ela não chegaria tão longe foram as mesmas que depois ficaram admiradas com o exemplo de superação.

Não importa por quantos problemas você já passou, o livro da sua vida pode ter algumas páginas de sofrimento, de frustração e de momentos que você não gostaria de ter sido obrigado a viver. Talvez a fotografia que esteja estampada no seu rosto demonstre dor e sofrimento, mas como sabemos circunstâncias negativas, são momentos passageiros e que também vão terminar, e se você tiver fé e o olhar na direção correta, tem a opção de escolher sobre o que fazer com cada momento de sofrimento.

Pode escolher se entregar a essas circunstâncias e destruir a sua vida precocemente por alimentar esses sentimentos negativos, ou pode escolher olhar para o futuro com esperança e escrever um novo capítulo na sua história.

Oprah escolheu a segunda opção, mesmo tendo muitos motivos para desistir e seria super compreensível se ela desistisse, pois o seu começo não foi fácil e a maioria das pessoas desiste por muito menos, mas se você digitar o nome dela no Google, vai encontrar muitas notícias sobre a trajetória vitoriosa que ela percorreu.

São nas adversidades que nascem as pessoas vitoriosas.

Eu não sei qual é o momento de vida que você está passando, mas o que sei é que esse momento negativo não é o final, talvez seja o seu grande começo para construir a sua melhor versão.

7º

princípio

SEJA FELIZ COM O SUFICIENTE

Uma equipe de navegadores saiu para explorar as ilhas do Oceano Pacífico tendo como objetivo desvendar a lenda de encontrar o tesouro que estava perdido nessas ilhas e que, por muito tempo, ouviram falar – uma caixa com muitos diamantes e pedras preciosas que iriam deixar todos muito ricos quando encontrassem o famoso tesouro. A equipe era composta por três tripulantes sem muita experiência, mas com muita ganância de ficarem ricos, e o acordo que firmaram foi que tudo o que encontrassem nessa aventura seria dividido de maneira igualitária entre eles e que todos deveriam respeitar as regras para poderem viajar.

Havia duas principais regras para essa jornada: que todos respeitassem o estoque de comida que foi partilhado igual para os três e que, no horário de descanso de um tripulante, os outros dois ficassem acordados.

Nas primeiras viagens, todos os tripulantes estavam bastante motivados e seguindo as regras combinadas em comum acordo entre os três, porém, conforme os dias foram passando, a cada ilha que eles exploravam e não encontravam o famoso tesouro, o cansaço começava a bater e, com ele, vinham os degastes emocionais. Foi quando os problemas começaram a surgir.

Começaram a trocar acusações entre si, um achava que se esforçava mais que o outro, e a cada ilha que exploravam e não encontravam o tesouro, os desgastes se intensificavam cada vez mais.

A ansiedade para encontrar o tesouro aumentava a cada dia, e chegou um determinado momento em que, no meio da viagem, o estoque de comida acabou. Estavam no Oceano Pacífico sem comida *e sem conseguir chegar ao destino e ficaram nessa situação à deriva durante alguns dias, até conseguirem chegar à próxima ilha.*

Quando desceram, um deles decidiu não continuar a viagem e comunicou seus companheiros que ficou refletindo enquanto esteve à deriva sobre o que importa verdadeiramente na vida e percebeu que, para conquistar o tesouro perdido, abriu mão da sua família, que era o seu bem mais precioso. Arrependido, decidiu voltar para recuperar o que, por ganância, havia deixado para trás.

Os outros dois, que estavam "cegos" para continuar na busca ao tesouro, não compreenderam muito bem a atitude do amigo e seguiram viagem, até ficaram satisfeitos com a desistência, pois, quando encontrassem as pedras preciosas, iriam dividir apenas entre dois.

Passadas mais algumas semanas, o barco que estavam viajando quebrou no meio do Pacífico e, mais uma vez, ficaram à deriva, os dois e a quantidade infinita de água salgada ao redor.

Diferente do que ocorreu na primeira vez, quando conseguiram seguir viagem, estavam com pouca comida, perdidos e com o barco quebrado. A cada dia que passava, o desespero para conseguir sobreviver aumentava.

A dificuldade que estavam passando fez com que eles se esquecessem mais uma vez do pacto de lealdade que haviam firmado antes de iniciarem essa aventura.

Quando um dos integrantes percebeu que a comida estava acabando, ficou com medo de não ser o suficiente para os dois, esperou o amigo dormir e comeu todo o estoque que ainda restava, mas comeu tão rápido que passou mal e morreu. Quando o amigo que estava dormindo acordou e percebeu o que havia acontecido, ficou muito decepcionado com o colega e, principalmente, consigo mesmo, pelas escolhas erradas que fez. Finalmente, compreendeu a desistência do primeiro tripulante, pois percebeu que ficou escravo da própria ganância e que, agora, estava sozinho, pois o seu ego e egoísmo o colocaram nessa situação.

Estava tão obcecado em conquistar essa riqueza que nunca olhou de fato para tudo que tinha valor e percebeu, nos seus últimos momentos de vida, que a ganância é um dos maiores venenos da humanidade, pois fez com que ele abandonasse tudo o que tinha de mais importante nesta vida e que diamante algum o faria recuperar.

A mensagem que essa fábula transmite é fácil de encontrar em atitudes semelhantes, principalmente em ambientes corporativos ou que envolvam acesso a poder ou dinheiro. É muito triste ver quando o caráter de uma pessoa se modifica de acordo com seus desejos movidos pelo ego e pela vaidade. Muitas pessoas com grandes potenciais se perdem quando o seu emocional é movido pelo desejo exacerbado de ter sucesso.

Toda pessoa tem o direito de desejar vencer na vida, de ter prosperidade, de ter conforto, de desfrutar de grandes conquistas, e quando isso ocorre como consequência do seu esforço, tem até mais valor, mas esse não é o problema. Deus nos deu a vida para desfrutarmos. A grande questão que devemos refletir é quando as pessoas corrompem seus valores, sua ética e colocam em risco pilares importantes da vida apenas para satisfazerem seu desejo desenfreado movido pelas tentações.

Ganância é o desejo exacerbado de ter ou receber mais do que os outros, é um sentimento humano que se caracteriza pela vontade de possuir tudo o que se admira para si. É a vontade exagerada de possuir qualquer coisa.

> “ O princípio da honra é quebrado na vida de uma pessoa quando a ganância entra e toma o seu lugar.

Honra é um princípio de comportamento do ser humano que age baseado em valores bondosos, como honestidade, dignidade, valentia e outras características consideradas socialmente virtuosas. Além disso, "uma honra" pode ser ofertada para alguém em sentido de homenagem, como uma forma de demonstrar respeito para com o próximo.

Infelizmente, existem pessoas que se perderam no decorrer da sua caminhada, que não mediram as consequências de seus desejos e, quando a "bomba" explodiu, já era tarde demais. Pessoas que conquistaram dinheiro, *status* e reconhecimento, mas não consideraram o suficiente e, de tanto desejarem mais, arriscaram o que tinham de valor e precisavam para serem felizes: família, amigos verdadeiros, convivência harmoniosa, respeito e credibilidade pessoal e profissional. Essas pessoas buscaram por coisas de que não precisavam simplesmente para alimentar seus desejos, então cederam às tentações e destruíram pilares importantes que tinham na vida.

Dê poder a uma pessoa e conheça o seu verdadeiro caráter. É muito importante ter metas na vida, visualizar o próximo passo e buscar crescer em todas as áreas, mas não reajuste essas metas o tempo todo e reflita se, para conquistar aquilo que deseja, você não está criando uma situação ou tendo uma atitude reprovável que possa se arrepender depois. A lei da causa e efeito reflete as nossas ações na vida. *Atraímos o que transmitimos.* Você já deve ter percebido o porquê de algumas coisas parecerem sempre dar errado para algumas pessoas, enquanto, para outras, tudo dá certo; ter credibilidade exige muito esforço, competência e honra. Ao mesmo tempo, é muito fácil se perder quando o caráter e a atitude demonstrada são corrompidos.

Para egos muito inflados, a vida reserva grandes agulhas.

A falta de honestidade com alguém que confiou em você gera vergonha para ser carregada durante a vida. O que você faz no seu tempo ocioso ou quando ninguém está por perto?

Você consegue controlar seus desejos ou são eles que controlam você?

Na vida, somos tentados o tempo todo e, quando falamos de tentação, não é somente na área sexual, e sim, em todas as áreas da vida.

Todo ser humano tem uma área de fraqueza, na qual os desejos da carne devem ser combatidos com mais rigidez.

Frequentemente, somos confrontados em relação às nossas fraquezas e limitações, somos tentados a ceder às pressões que martelam os nossos desejos físicos e emocionais. A tentação é simplesmente qualquer porta que nos leve ao pecado, que nos faça transgredir uma lei de Deus. Mentir, fofocar, agir com impulsividade, trapacear, usar palavras ruins, ceder à área que você é frágil, sensualidade, engano, fingimento, preguiça, pornografia, bebidas, drogas, soberba e ser tentado a cometer a qualquer erro ou trapaça podem fazer com que nos tornemos escravos das nossas vaidades.

Tome cuidado com o seu tempo ocioso, selecione bem as suas amizades, pois o ambiente em que você convive pode te levar a se tornar um escravo das suas próprias atitudes. Recomeçar é o tema que estamos explorando neste livro, e conseguir realizar uma verdadeira transformação exige de cada ser humano refletir e compreender as atitudes reprováveis que cedeu às tentações. Tenha cautela com o seu tempo ocioso, avalie se as suas amizades estão lhe guiando para o caminho correto ou para o caminho que o leva a ter atitudes ruins. Na maioria das vezes, o inimigo que tem o poder de te escravizar pode ter sido apresentado por pessoas próximas, as quais você chamou de amigos.

A vaidade é um grande veneno para o progresso de qualquer pessoa que esquece que a vida é feita por momentos, que esquece que a estabilidade não existe e que a qualquer instante tudo pode mudar.

***

Mike Tyson, para muitos o maior pugilista de todos os tempos, um grande vitorioso nos ringues, que derrubava com certa facilidade todos os adversários que enfrentou, deu uma declaração falando sobre paz, um assunto que soa como contraditório vindo dele, que, muitas vezes, teve seu nome envolvido em polêmicas e confusão e chegou a ser condenado à prisão quando estava no auge da carreira, época em que, em cada luta que ele realizava, voltava para casa com milhões de dólares no bolso.

> ***Mike Tyson:*** *Eu tive os três melhores anos da minha vida na prisão.*
>
> ***Entrevistador:*** *É interessante você dizer isso, pois você tinha milhões.*
>
> ***Mike Tyson:*** *Mas lá, eu tinha paz.*
>
> ***Entrevistador:*** *Mesmo ganhando 30 milhões por luta?*
>
> ***Mike Tyson:*** *Ei, posso te dizer uma coisa?*
>
> *Isso não significa nada se você não tiver sua paz, sua estabilidade e seu equilíbrio. Você nem mesmo quer essas coisas; você quer dá-las para outras pessoas. Você precisa da sua sanidade para controlar qualquer parte da vida.*
>
> *Eu sempre digo para as pessoas: a vida te pune dando as coisas que você quer para ver se você consegue lidar com isso.*

Algumas pessoas precisam ceder às tentações, perder tudo o que conquistaram na vida até chegar ao fundo do poço para, então, aprender com suas atitudes reprováveis, e por mais que possam ter recebido conselhos para fazer diferente, precisam passar por essa autodestruição, pois não eram felizes com o suficiente.

Só existem más conversações se houver más companhias; por isso, selecione as pessoas de sua convivência e avalie se suas condutas são compatíveis com o que você acredita. Para não ceder às tentações, você deve conhecer a si mesmo e pedir ajuda quando não tiver mais forças para controlar seus desejos.

Cuidado com seus desejos ou em querer ter o que é proibido. Em qualquer ambiente, você vai encontrar pessoas com atitudes aprováveis e reprováveis, escolha bem o que vai lhe influenciar.

O mundo corporativo é o ambiente propício para o caráter do ser humano ser posto à prova, pois as pressões chegam por todos os lados e se tem que matar um leão por dia. Pressão para alcançar metas, ameaça dos concorrentes, cumprimento dos compromissos financeiros e pressão interna e externa constantemente são tensões que passamos diariamente no mundo corporativo, porém, quando o momento se torna conturbado, como o que vivemos na pandemia, que afetou diretamente a saúde emocional de todos, a pressão se torna ainda maior, pois, além da responsabilidade do dia a dia, termos que lidar com crises, inadimplências, inflação, emocional debilitado e todo tipo de insatisfação que surge de todos os lados com uma potência muito maior.

É nesse momento que o caráter e a honra são postos à prova. Muitos acabam se corrompendo e tendo atitudes reprováveis, usando um argumento nobre para justificar uma atitude errada. Nunca conheci pessoas de caráter corrompido dando certo na vida, até conseguem ter a sensação de que atitudes reprováveis credenciam pequenas vitórias baseadas na mentira, mas, com o tempo, caem por terra.

Seja feliz com o suficiente. Para saber se uma pessoa tem credibilidade, avalie conduta, e não palavras; tenha sempre uma atitude digna com as pessoas que confiaram em você; jamais venda o seu caráter por qualquer razão que seja; por mais que possa parecer que a sociedade está corrompida, ainda existem muitas pessoas boas no mundo que praticam o bem, portanto reflita sobre os desejos que lhe escravizaram e o impedem de progredir. Toda pessoa insatisfeita tem o poder de contaminar o ambiente em que vive.

Não permita que o mau costume corrompa seus princípios e valores. Seja integro e forte em qualquer situação e seja feliz com o suficiente.

"Se forem fiéis nas pequenas coisas, também o serão nas grandes. Mas, se forem desonestos nas pequenas coisas, também o serão nas maiores.
E, se vocês não são confiáveis ao lidar com a riqueza injusta deste mundo, quem lhes confiará a verdadeira riqueza?
E, se não são fiéis com os bens dos outros, por que alguém lhes confiaria o que é de vocês?"

(Lucas 16:10-12)

HISTÓRIAS GRANDES TÊM INÍCIOS PEQUENOS E GRANDES BATALHAS

PRINCÍPIOS PODEROSOS PARA RECOMEÇAR

OSCAR SCHMIDT

"Gostaria de ser lembrado como o cara que mais treinou no planeta. Porque essa é uma verdade. Não dá para fazer o que eu fiz, não dá tempo. Tenho um orgulho danado disso. É isso que me fez jogar basquete. Eu acredito pouco em talento e muito em treinamento."

O **autor dessa frase é a grande lenda do Brasil, que** construiu seu legado mediante muitos treinamentos e dedicação, se tornou o maior cestinha dos jogos olímpicos e o maior pontuador da história do basquete mundial, com 49.737 pontos na carreira. Nascido no Rio Grande do Norte, mudou-se para São Paulo com 16 anos para iniciar a sua carreira no Palmeiras; jogou também no Corinthians, Flamengo e em equipes da Europa. É conhecido por "Mãos Santas", mas não gosta de ser chamado por esse nome; prefere ser chamado de "Mãos Treinadas", pois, segundo ele, o resultado do seu trabalho é consequência de muito treino, disciplina e dedicação — em muitos momentos da sua vida, você vai ter que lidar com as derrotas para aprender com elas e buscar vitórias maiores.

No início da sua carreira, quebrou a mão direita, que era a sua melhor mão de arremesso, e o médico recomendou que ele ficasse de repouso para se recuperar dessa lesão. Sabe o que ele fez? Em vez de ficar em casa repousando, foi treinar todos os dias arremessos com a mão esquerda e, com isso, desenvolveu uma habilidade de arremesso em uma mão que não era tão boa.

O maior jogador de basquete do Brasil e um dos maiores de todos os tempos, reconhecido mundialmente por ser uma grande lenda do esporte, integrante do *Hall da Fama*, abriu mão de jogar na NBA, pois, na época, para jogar na liga americana, teria que abrir mão de defender o seu país, e isso ele nunca escolheu. Foi, com muita honra e dedicação, que sempre jogou pelo Brasil e foi coroado com a medalha de ouro nos Jogos Pan-Americanos de 1987 contra o *"Dream Team"* (a seleção dos Estados Unidos), na casa deles. Naquela final, Oscar anotou 46 pontos e foi o grande nome daquele Pan, com 249 pontos em sete jogos. Líder nato dentro e fora das quadras, sempre mostrou a sua integridade por onde passou, o que engrandeceu ainda mais a sua trajetória vitoriosa, a qual é referência para todos que conhecem a sua história dentro e fora do esporte.

Mais do que um cestinha. Mais do que um ídolo. Oscar é um exemplo de liderança, caráter e perseverança. Um homem que usou o esporte como instrumento de inspiração para milhares de pessoas, dentro e fora das quadras. Sua integridade, sua dedicação ao Brasil, sua fome de superação — tudo isso compõe uma das trajetórias mais admiráveis que o esporte já viu.

Ser o melhor não foi uma meta para ele. Foi a consequência de uma vida dedicada ao treino, à resiliência e ao amor pelo que fazia.

Que a história de Oscar Schmidt nos lembre, todos os dias, que o talento pode abrir portas, mas é o esforço constante que nos leva ao extraordinário. Que é possível transformar dor em força, dúvidas em motivação, quedas em novos começos. E que, acima de tudo, vale a pena dar o nosso máximo. Sempre.

8º princípio

O PODER DO PERDÃO

A PARÁBOLA DO SERVO IMPIEDOSO

21 **Então Pedro aproximou-se de Jesus e perguntou: "Senhor,**
quantas vezes deverei perdoar a meu irmão quando ele
pecar contra mim? Até sete vezes?"
22 *Jesus respondeu: "Eu lhe digo: Não até sete, mas até setenta*
vezes sete".
23 *"Por isso, o Reino dos Céus é como um rei que desejava acertar*
contas com seus servos".
24 *Quando começou o acerto, foi trazido à sua presença um que*
lhe devia uma enorme quantidade de prata.
25 *Como não tinha con-*
dições de pagar, o senhor ordenou que ele, sua mulher, seus filhos e
tudo o que ele possuía fossem vendidos para pagar a dívida.
26 *"O servo prostrou-se diante dele e lhe implorou: 'Tem paciência*
comigo, e eu te pagarei tudo'.
27 *O senhor daquele servo teve com-*
paixão dele, cancelou a dívida e o deixou ir".
28 *"Mas quando aquele servo saiu, encontrou um de seus conser-*
vos, que lhe devia cem denários. Agarrou-o e começou a sufocá-lo,
dizendo: 'Pague-me o que me deve!'"
29 *"Então o seu conservo caiu de joelhos e implorou-lhe: 'Tenha*
paciência comigo, e eu lhe pagarei'".
30 *"Mas ele não quis. Antes, saiu e mandou lançá-lo na prisão, até*
que pagasse a dívida.
31 *Quando os outros servos, companheiros dele,*
viram o que havia acontecido, ficaram muito tristes e foram contar
ao seu senhor tudo o que havia acontecido".

[32] "Então o senhor chamou o servo e disse: 'Servo mau, cancelei toda a sua dívida porque você me implorou. [33] Você não devia ter tido misericórdia do seu conservo como eu tive de você?' [34] Irado, seu senhor entregou-o aos torturadores, até que pagasse tudo o que devia".

[35] "Assim também lhes fará meu Pai celestial, se cada um de vocês não perdoar de coração a seu irmão".

(Mateus 18: 21-35)

Essa parábola de Jesus Cristo nos ensina alguns valores muito importantes sobre perdão e julgamentos.

Iremos receber de volta tudo aquilo que oferecemos para o mundo e para as pessoas, e quando entendemos a importância de fazer parte da corrente do bem em vez de ficar alimentando sentimentos negativos pelo próximo, conseguimos compreender qual é o nosso propósito e missão neste planeta.

Já saiu de moda levar ressentimentos para o túmulo, e muitas pessoas ainda não compreenderam esse ensinamento. Pessoas com dificuldade em perdoar são mais prejudicadas do que propriamente a pessoa que lhe causou o dano, além de ser bem improvável tomar a decisão de recomeçar uma nova história se ainda estiver alimentando as feridas que existem no seu coração, e isso vale para todos os âmbitos da vida.

Você pode ter passado por inúmeras situações que lhe causaram feridas, pode estar se lembrando de alguma pessoa que lhe machucou, mas a sua evolução e desenvolvimento pessoal depende muito mais de você conceder o perdão para si e conseguir virar essa página do que das situações exteriores que possam ter lhe acontecido. Enquanto você não conseguir deixar aquilo que te magoou para trás, como consequência, vai continuar alimentando as feridas abertas que existem dentro do seu coração, e quanto mais alimenta — como já mostramos nos capítulos anteriores —, mais cresce, a tal ponto de se tornar uma verdade desproporcional.

Quando uma pessoa não consegue virar a página, torna-se amargurada para a vida, por isso alimenta mais sentimentos negativos do que positivos para seus dias. É perceptível a diferença de energia de uma pessoa que consegue ser feliz e liberar o perdão quando comparada a outra que vive aprisionada a esses sentimentos, pois o ato de perdoar é fundamental para uma vida feliz, ele nos livra dos maus sentimentos, tais como raiva, ódio, rancor e vingança. Mas ainda assim, algum leitor pode estar lembrando de uma pessoa, ou situação, que lhe causou muito mal, **mas perdoar é muito mais sobre você do que sobre a pessoa que lhe fez algo**; é reconhecer que alguém errou com você, mas tomar a decisão de deixar esse rancor de lado.

Algumas pessoas permanecem ressentidas com outras por muito tempo, não dão o braço a torcer e carregam esse sentimento nocivo para a saúde de ambos por um longo período. Já conheci pessoas que viveram por décadas dessa forma e, depois de tanto tempo, quando fizeram as pazes, perceberam o tamanho da estupidez que haviam cometido por ficarem tantos anos vivendo dessa maneira. Perdoar não é ser ingênuo, não é ser o bonzinho que sempre é passado para trás, não é voltar a confiar em alguém que mostrou ser mau-caráter, que não tem o princípio da honra e do respeito, que não tem autorresponsabilidade sobre as suas ações; perdoar é você ter a capacidade de seguir em frente, mesmo tendo cruzado com pessoas ruins na sua vida, é amadurecimento e desenvolvimento pessoal. Não confunda perdoar com ser ingênuo, com voltar a dar confiança em quem não merece confiança.

Existem muitas pessoas ruins e oportunistas que se aproveitam das pessoas boas que existem no mundo. Aquelas que não carregam o próprio balde e sempre querem tirar algum tipo de vantagem, agem pelas costas e por aí vai, mas como não conseguimos controlar os fatores externos que podem nos acontecer, temos que ser mais fortes e controlar os nossos sentimentos para que não nos envenenem. Alimentar sentimentos negativos, além de tóxico, vai apodrecendo o ser humano por dentro, afinal, quem não consegue perdoar limita as suas possibilidades de amar e de reescrever uma nova história no futuro, pois sempre vai ficar amarrado às mágoas do passado.

Para desenvolver o perdão, é preciso ser forte, pois é relembrar o que lhe ocorreu e não permitir que a sua paz seja abalada, ainda que a injustiça tenha sido grande. Coisas ruins vão acontecer às vezes, porém, antes de fazer o que qualquer pessoa faria, peça a orientação de Deus, e eu sei que isso pode ser muito difícil, principalmente quando o sentimento de injustiça fica enraizado no nosso coração, mas mesmo assim, perdoar é uma ação muito inteligente e traz libertação para a vida do indivíduo, pois a sensação de viver em paz, encostar a cabeça no travesseiro e estar com o coração tranquilo é um sentimento que apresenta vários benefícios.

Conseguir seguir em frente sem ficar preso a ressentimentos do passado é o grande aprendizado da vida.

> “Isso define o que é recomeçar: é você seguir em frente com mais sabedoria, maturidade e experiência, e não alimentando sentimentos que vão fazer com que tenha pena de si mesmo.

Valorize a sua vida alimentando-a com sentimentos positivos. Quando você se permite perdoar, o maior beneficiário é você mesmo.

Lembre-se de que o estresse não vem do que está acontecendo em sua vida, e sim dos seus pensamentos sobre o que está acontecendo em sua vida, como nos mostra a pesquisa realizada pelo cientista japonês Sr. Masaru Emoto, sobre como os sentimentos que alimentamos influenciam as nossas vivências.

EXPERIMENTO DO ARROZ — FATO REAL

Um pesquisador e cientista japonês, o Sr. Masaru Emoto, fez um experimento que comprova a teoria dos sentimentos positivos e negativos na vida das pessoas.

Ele colocou três porções de arroz cozido em potes separados. No primeiro pote, ele escreveu: *"Obrigado, eu te amo"*; no segundo pote, escreveu: *"Eu te odeio, seu idiota"*; e, no terceiro pote, não escreveu nada, simplesmente ignorou. Durante 30 dias, ele pediu que seus alunos afirmassem para cada pote o que estava escrito nele. No primeiro pote, palavras de amor e gratidão; no segundo pote, palavras de ódio e rancor; e no terceiro pote, não faziam nada. No final desse período, o arroz do primeiro pote fermentou naturalmente, deixando um aroma agradável; o arroz do segundo pote ficou praticamente todo preto; e o arroz do terceiro pote entrou em decomposição e era um acúmulo de bolor.

O Sr. Masaru Emoto explicou, mediante sua pesquisa, que sentimentos como raiva, ansiedade, medo e ressentimento registram nossa energia de maneira negativa, já sentimentos como gratidão, amor e felicidade registram nossa energia de maneira positiva, além de fortalecer nosso sistema imunológico.

PARA REFLETIR:

Um atleta que se tornou um exemplo para o mundo.

Terry Fox, um atleta canadense, passou por uma grande prova em sua vida, construiu um legado e se tornou exemplo para o mundo. No final dos anos setenta, descobriu que estava com câncer terminal e teve a sua perna direita amputada por causa dessa doença. Como era maratonista, perdeu o rumo da vida e por um momento não enxergou sentido com o futuro que tinha pela frente, havia perdido a fé e na sua cabeça não existia mais razões para lutar ou persistir.

Porém, esse desanimo logo passou e Terry compreendeu que a sua vida tinha muito valor e que, se ele usasse a sua visibilidade a seu favor, poderia transformar o futuro sombrio que lhe aguardava e principalmente ser exemplo para as pessoas que estavam enfrentando ou ainda enfrentariam um mal tão devastador e traumatizante que é essa doença. Mesmo com uma só perna (usava prótese na outra), decidiu atravessar todo território canadense a pé. A peregrinação ficou conhecida como Maratona da Esperança.

A mensagem que Terry queria transmitir com esse gesto era mobilizar o país na luta contra o câncer e, durante quase 5 meses, percorreu 43 quilômetros diários, ou seja, uma maratona inteira por dia. Depois de 143 dias consecutivos, num total de 5.300 quilômetros de corrida, foi obrigado a parar. O câncer havia se espalhado e atingido seus pulmões.

Faleceu logo depois, em 28 de junho de 1981, exatamente um mês antes de completar 23 anos. A Maratona da Esperança gerou frutos duradouros. Até hoje, a Terry Fox Foundation já arrecadou mais de 400 milhões de dólares destinados a pesquisas sobre o câncer.

Os cidadãos do Canadá consideraram Terry como o canadense mais famoso do século XX, bem como segundo na lista dos Maiores Canadenses.

A sua história emocionou o mundo. A sua corrida terminou em 1981, ano da sua morte, mas a luta de Terry Fox está bem ativa. Há muitas "maratonas" que se correm em seu nome.

Outro exemplo de gratidão e legado é a história de Arthur Ashe, o lendário jogador de tênis que venceu mais de trinta títulos profissionais, entre eles três Grand Slam, incluindo Wimbledon.

Arthur descobriu que estava com Aids, foi contaminado com sangue infectado durante uma cirurgia cardíaca que fez em 1983.

Quando a notícia sobre seu estado de saúde se espalhou, Arthur recebeu muitas cartas e orações de seus fãs, mas dentre tantas cartas, uma pergunta lhe chamou a atenção:

"Por que Deus teve que escolher você para pôr uma doença tão horrível?"

Arthur Ashe respondeu:

"Muitos anos atrás, cerca de 50 milhões de crianças começaram a jogar tênis, e uma delas era eu. Cinco milhões realmente aprenderam a jogar tênis, 500 mil se tornaram tenistas profissionais, 50 mil chegaram ao circuito, 5 mil alcançaram Grandslam, 50 delas chegaram a Wimbledon, quatro delas chegaram à semifinal, duas delas chegaram à final, e uma delas era eu.

Quando eu estava comemorando a vitória com a taça na mão, nunca me ocorreu perguntar a Deus 'Por que eu?'. Então, agora que estou com dor, como posso perguntar a Deus, 'Por que eu?'".

Arthur Ashe deixou muitos legados para seus fãs, mas a mensagem que ficou para o mundo é de que, no seu momento de maior dor, dificuldade e aflição, ainda, sim, entregar a sua vida e ter gratidão a Deus.

Pessoas boas também passam por situações negativas, mas até nesses momentos, que para muitos é sem esperança, encontram motivos e bondade em seu coração para transformar o mundo ao seu redor.

Todas as pessoas têm que lidar com adversidades e pensamentos negativos durante a sua vida e muitas vezes não conseguimos controlar esses pensamentos, mas com amor, gratidão a Deus, podemos encontrar caminhos e ressignificar sentimentos que, em nosso estado normal, nunca teríamos essa visão.

Uma criança em um terreno baldio vê um avião no céu e sonha em voar. Mas talvez o piloto desse avião sonhe em voltar para casa.

Se a riqueza é o segredo da felicidade, os ricos deveriam estar dançando nas ruas, mas são geralmente as crianças pobres que fazem isso.

Se a beleza e a fama atraem relacionamentos ideais, celebridades deveriam ter os melhores casamentos.

Tenha fé em você mesmo, exale o amor e perdoe quem lhe fez mal, a vida é passageira e provavelmente, nos próximos cem anos, menos de 1% da população mundial que vive hoje, ainda estará aqui.

Não levamos nada desse mundo, mas podemos deixar muitos exemplos positivos para a geração que está por vir e o pontapé inicial para fazer parte da corrente do bem são duas palavras mágicas. *Amor e perdão.*

> Às vezes, você não está satisfeito com sua vida, enquanto muitas pessoas neste mundo sonham em poder ter sua vida, valorize-a.

IREMOS RECEBER DE VOLTA TUDO AQUILO QUE OFERECEMOS PARA O MUNDO.

HISTÓRIAS GRANDES TÊM INÍCIOS PEQUENOS E GRANDES BATALHAS

PRINCÍPIOS PODEROSOS
PARA RECOMEÇAR

SILVIO SANTOS

"Eu não nasci dono de televisão. Eu fui dono de televisão porque os donos de televisão fecharam as portas para mim. E então, quando se fecha uma porta, Deus abre uma janela. Fui obrigado a ser dono de televisão e comprar 50% de ações. Eu não nasci dono de televisão, nasci animador de programa, continuaria sendo animador de programas, se os homens não fossem tão vaidosos, tão poderosos."

Silvio Santos é, para muitos, o maior apresentador da história da televisão brasileira, dono de um canal televisão e de dezenas de outras empresas, bilionário, gerador de milhares de empregos e reconhecido, pelo seu sucesso, como uma pessoa que venceu na vida e que inspirou e inspira milhões de fãs que admiram a sua trajetória.

Se você for perguntar para o Senor Abravanel (nome de batismo) como iniciou a sua caminhada profissional, ele vai responder que foi como camelô, vendendo carteirinhas de plástico para colocar título de eleitor; depois, para ampliar seus negócios, começou também a vender canetas. Silvio é mais um dos inúmeros exemplos que temos no mundo de que histórias grandes têm inícios pequenos e grandes batalhas e que, não importa em qual momento você se encontra hoje, se tiver fé, ser justo e trabalhar pelos seus sonhos, a sua benção vai chegar.

Silvio está entre as maiores referências do Brasil, por tantas batalhas que teve que enfrentar durante a sua trajetória. Quando era apresentador, um canal de televisão fechou as portas para que continuasse a sua carreira. Pouco tempo depois, sua primeira esposa faleceu e o deixou com duas filhas pequenas.

Em muitos momentos da sua vida, Senor Abravanel teve que lidar com situações que fariam muitas pessoas pensarem em desistir, mas como uma fênix, sempre se reinventou e deu a volta por cima das dificuldades que surgiram em sua vida. Quando já estava com a carreira consolidada, foi candidato a presidente da República; anos mais tarde, sua filha foi sequestrada e ele tomou um golpe de uma pessoa de confiança em uma das empresas em que era sócio.

Mesmo com tantos desafios, sempre prosseguiu a sua trajetória sem perder a sua essência, e o mais incrível de tudo isso, um grande ensinamento sobre propósito para todos nós —, um senhor que começou sua vida com poucos recursos entrou para a lista dos bilionários. Silvio Santos, que faleceu em agosto de 2024, com 93 anos, deixou um legado extraordinário para todo o povo brasileiro, principalmente por sempre declarar ser um homem de fé.

> "Quando o ser humano está com a razão, Deus é o seu advogado; quando o ser humano não está com a razão, Deus é o juiz, e o demônio é o seu advogado. Quem tem razão, sendo o mais forte ou o mais fraco, vence sempre. O bem sempre vence o mal. O mal pode até vencer por algum momento, mas no final o bem sempre vence o mal."
>
> **– Senor Abravanel (Silvio Santos)**

9º princípio

ENFRENTE SEUS MEDOS

Em um dos maiores santuários de animais do mundo, loca-lizado na África do Sul, havia várias espécies diferentes: leões, tigres, elefantes, girafas, hipopótamos, zebras, raposas, tamanduás, tucanos, gorilas e lobos. Um santuário onde esses animais foram resgatados vítimas de maus tratos e foram levados a esse lugar onde são muito bem cuidados. As pessoas da região vão com suas famílias visitar esses animais para passear e desfrutar de um momento de lazer.

Na região mais elevada desse santuário ficava a jaula dos lobos, um lugar muito bem localizado, onde eles podiam ter uma visão ampla de todo o local e de tudo o que acontecia por ali.

O tratamento com esses animais sempre foi feito com muito zelo e amor, por todos os profissionais dessa ONG, e o grande objetivo era prepará-los para voltarem a viver na natureza. A alimentação nunca deixou de faltar e, em todas as jaulas, tinham um espaço grande para os filhotes brincarem.

Como todos eram tratados com muito amor pela equipe que cuidavam do espaço, sempre estavam alegres, porém, em um ponto estratégico da jaula, cientistas colocaram uma porta, que quem se arriscasse a passar por ali entrava em um ambiente repleto de comida, conquistava a liberdade e voltava a viver na natureza.

Todos os lobos e seus filhotes da alcateia que ali se formava tinham muita curiosidade para passar por aquela porta, mas todas às vezes que um deles entrava por aquela porta, os outros ficavam com muito medo, pois quem passava por ali nunca mais voltava.

As mamães lobos puniam severamente seus filhotes toda vez que eles cogitavam a possibilidade de passar por ali. E conforme os anos *foram passando e a população de lobos foi aumentando, os filhotes já não tentavam mais passar para o outro lado; até que, em determinado momento, um lobo que havia sido recrutado de um local clandestino perguntou aos seus novos amigos:*

— Ei, amigos, por que somos proibidos e punidos se passarmos por aquela porta?

E a geração mais nova respondeu:

— Nós não sabemos, mas aqui sempre foi assim: se atravessa a porta, não volta!

Quantas vezes você não deixou de fazer algo por ser "treinado" a replicar comportamentos e sentir medo de ser recriminado por isso?

> Medo é a não aceitação das incertezas da vida futura.

Uma sensação desagradável desencadeada pela percepção de perigo real ou imaginário. O medo está na sua mente e não é real, o perigo, sim, mas viver com medo é uma situação que pode se tornar um grande peso na sua vida. Muitas pessoas vivem angustiadas, ficam paralisadas devido à sensação que o medo cria, outras carregam limitações emocionais por medos existentes na sua cabeça que muitas vezes nem mesmo sabem o que ocasionou esse sentimento, e outras, infelizmente, carregam essa sensação dentro de si, por traumas sofridos no passado que não conseguem superar e por isso acabam sendo carregados por toda a vida.

O medo também tem suas "qualidades": é bom para você controlar o seu limite, para compreender os perigos de algumas situações e para escolher a maneira como deve agir. O medo faz com que distingamos as atitudes que devemos tomar, pois ser ousado é diferente de ser inconsequente.

Mas entrando no fator emocional, existem pessoas que se acostumaram tanto a sentir medo, a ter ansiedade, que isso se tornou comum atualmente, mas ser comum não significa que é normal, por isso, não se deixe dominar pelos medos, pois eles vão se tornar o maior obstáculo para você conquistar a sua felicidade.

A pessoa que deixa ser dominada por esse sentimento provavelmente vai viver dias de angústia. A partir do momento que você começar a dominá-lo, vai descobrir que é capaz de realizar coisas que nem você mesmo imagina, e a sua vida vai ser muito melhor.

Grandes homens e mulheres já sentiram medo ao enfrentar as suas batalhas, porém, mesmo com essa sensação horrível, tiveram fé e acreditaram no seu poder de realização e foram para o combate mesmo assim. É necessário lidar com as nossas aflições para que elas não se tornem monstros internos e a forma como as alimentamos determina o seu poder de influência em nossas vidas. Esses monstros podem se tornar grandes a ponto de te deixar paralisado em situações importantes ou podem servir apenas para você refletir e ponderar qual é o melhor caminho a seguir.

Muitas pessoas ficam com medo de tomar decisões, com medo das consequências, e pensam em tudo de negativo que pode acontecer.

Tem uma história muito conhecida, que está escrita na Bíblia (o livro das Sagradas Escrituras), que fala do combate entre **Davi** e **Golias**.

O "pequeno e frágil" Davi teve que enfrentar o gigante e temido Golias. A história de Davi é linda e muito popular até os dias atuais, todos devem conhecer a história desse homem, conhecido por ser ungido por Deus e que enfrentou vários gigantes, libertou seu povo da escravidão e se tornou rei.

Davi venceu Golias porque confiava mais no poder de Deus do que em si, pois mesmo sendo um homem muito forte e grande, Golias não conseguiu fazer com que a fé e a coragem de Davi diminuíssem. Davi viu o medo do seu povo para enfrentar esse gigante, mas quando você tem fé e abre seu coração para ouvir as vozes de Deus para guiar a sua vida, vai conhecer a verdadeira força que existe dentro de você.

Todas as pessoas têm seus monstros internos. Os problemas que temos que enfrentar todos os dias muitas vezes colocamos numa dimensão tão grande que achamos que não vamos conseguir suportá-los.

Mas se aprendermos com a vida de Davi, vamos compreender que, com fé, coragem e determinação, podemos sair vitoriosos de qualquer batalha, mas, para isso, temos que ouvir a voz de Deus, como Davi fez. Davi precisava enfrentar aquele combate e passar por aquela e tantas outras situações para se tornar quem ele se tornou; e na sua vida, em muitos momentos, você vai ter que enfrentar duras batalhas que parecem perdidas e que lhe trarão medos, mas mesmo assim você terá que passar por isso para se tornar a sua versão mais grandiosa. Mesmo que se sinta pequeno diante de alguma situação, não desista, continue, prossiga, pois Deus, o seu criador, conhece o seu coração.

As grandes batalhas são vencidas por grandes homens e mulheres que não abaixam a cabeça e não desistem mesmo em situações difíceis e de desvantagens. O esforço pode ser cansativo, mas a exaustão é um processo para conhecer a sua força mental. Somente quem é protagonista de si e sabe do seu propósito é que vai ter força para suportar o processo.

Pessoas que desistem fácil não vão viver seus dias de glória. Todos os vencedores passam por dias de derrotas, mas sobrevivem a esses momentos e entendem o significado da palavra *recomeçar*.

Por mais que você esteja se sentindo desanimado, cansado e inseguro para continuar essa batalha, apenas prossiga e, quando a motivação acabar, tenha disciplina para continuar a jornada que você começou e se comprometeu. Você é capaz de reagir aos obstáculos da vida, a força que existe dentro de você vai ser desenvolvida e posta à prova nesses dias de luta, por isso não se esqueça das batalhas que já passou e venceu. Como diz o ditado: *"Mar calmo nunca fez um bom marinheiro"*, e superar as tempestades é preciso, pois as dificuldades nos trazem a sabedoria necessária para viver e valorizar os dias de glória. Você tem todos os recursos para desenvolver a sua força interior e não deixar que sua vida se esconda atrás dos seus medos. Supere-se todos os dias, só assim a sua vida valerá a pena.

Quantas pessoas não estão em situações piores do que a sua e continuam lutando? Desistir sem lutar mostra falta de fé. Os seus piores adversários sempre serão seus pensamentos e as influências negativas, e ambos têm o poder de alimentar essa falta de crença.

Assim, separei este capítulo inteiro para mostrar o quanto ter medo pode atrapalhar a sua vida, mas o quanto você é capaz de derrotá-lo.

Adquira sabedoria com as experiências vividas para excluir tudo o que está lhe prejudicando. Tome essa decisão hoje, agora, e pare de se sabotar.

Limpe o seu terreno, jogando fora esses entulhos cheios de sujeiras que você acumulou até aqui. Assim, você começará a atrair boas vibrações e se aproximará da vitória.

Não desista dos seus planos, e mesmo que a luta não tenha terminado e você ainda tenha que passar por algumas batalhas, seu propósito vai ser concluído.

Lembra-se do filme *Tropa de Elite*? A frase que todos do batalhão repetiam era: *"Missão dada é missão cumprida"*, por isso, conclua a sua missão, independentemente das circunstâncias. Pessoas vencedoras têm mentalidades vencedoras e não terceirizam a responsabilidade da vida para ninguém. Os frutos que você está colhendo hoje são reflexos da árvore que você plantou; avalie se o fruto está maduro ou podre.

> Não seja refém das situações que não te fazem bem, é você que tem que mudar esse jogo.

Quando você sabe o que tem que fazer, foca na sua ação e faz o seu melhor. Você descobrirá que esses obstáculos não têm metade da sua força, pois você é o maior gigante que existe.

Davi viveu o propósito que Deus tinha para a vida dele, mas teve que enfrentar vários gigantes ao longo da sua caminhada, mesmo antes da batalha com Golias. Para viver o propósito, tem que suportar o processo. Se você precisa de inspiração, espelhe-se em Davi, que teve uma vida repleta de fé e superação para vencer as suas batalhas.

Davi escutou a voz de Deus, e você também pode escutar. Siga as orientações do Pai, tenha fé e coragem, e você vai ver que tudo o que te assusta e aflige hoje não vai ter o poder de te derrotar, pois você é vitorioso e protegido por Deus.

"Mil poderão cair ao teu lado e dez mil à tua direita, mas tu não serás atingido."

(Salmo 91:7)

VOCÊ É
O MAIOR
GIGANTE
QUE EXISTE.

HISTÓRIAS GRANDES TÊM INÍCIOS PEQUENOS E GRANDES BATALHAS

PRINCÍPIOS PODEROSOS
PARA RECOMEÇAR

LIONEL MESSI

Histórias grandes têm inícios pequenos. Elas nascem de um sonho, atravessam batalhas e, muitas vezes, exigem recomeços.

Essa é a história de um garoto nascido em Rosário, na Argentina. Desde cedo, ele enfrentou um obstáculo que para muitos seria intransponível: foi diagnosticado com deficiência no hormônio do crescimento. Seus pais não tinham recursos para pagar o tratamento. Bateram em muitas portas. Nenhum clube argentino quis assumir o custo. Até que, aos 13 anos, surgiu uma chance. Um clube espanhol decidiu acreditar. O contrato? Assinado num simples guardanapo.

Esse clube era o Barcelona.

O menino? Lionel Messi.

O que parecia apenas uma aposta virou uma das maiores parcerias da história do esporte. Barcelona e Messi escreveram juntos capítulos memoráveis, conquistaram dezenas de títulos, quebraram recordes e encantaram o mundo. O planeta o aplaudia, mas em seu país, o reconhecimento demorou a chegar.

Enquanto brilhava na Europa, Messi carregava o peso da comparação com Diego Maradona — ídolo nacional consagrado com o título da Copa do Mundo de 1986. Messi, por outro lado, acumulava frustrações com a seleção: finais perdidas, críticas impiedosas e até acusações de que ele "não era argentino de verdade".

Em 2014, no Brasil, tudo parecia mudar. A Argentina chegou à final da Copa do Mundo. Messi foi o grande nome do torneio. Mas, no último suspiro da prorrogação, a Alemanha marcou.

A taça escapou. Um silêncio cortante tomou conta do Maracanã — e também do coração de Messi.

Nos anos seguintes, mais duas finais seguidas de Copa América. Duas novas derrotas. Em 2016, ele errou um pênalti decisivo. Caiu de joelhos. Chorou. O mundo inteiro viu. E ali, naquele momento de dor profunda, ele anunciou: *"Estou deixando a seleção."*

Parecia o fim. Mas era só o recomeço.

Messi voltou. Voltou por amor. Voltou por honra. Voltou porque desistir não combina com quem nasceu para vencer. E, sete anos após aquela final de Copa do Mundo, veio a redenção.

Em 2021, no Maracanã, o mesmo palco da dor de 2014, Messi conquistou seu primeiro título com a Argentina: campeão da Copa América. A imagem dele erguendo a taça se tornou a foto mais curtida da história do Instagram. Um símbolo de vitória, superação e justiça.

Mas ainda faltava um troféu. Aquele que todos diziam que ele jamais levantaria: **a Copa do Mundo**.

Chegou 2022. Messi, aos 35 anos, embarcou para seu quinto Mundial. Os especialistas diziam que já era tarde demais. E a Argentina estreou com uma derrota para a modesta Arábia Saudita. O passado parecia repetir seus traumas. Mas foi ali que nasceu algo grandioso. O time se uniu. Cresceu. Lutou com garra, paixão e fé.

Messi liderou como nunca. Bateu recordes. Enfrentou gigantes. Levou seu país até a final contra a poderosa França. O que se viu foi uma das maiores partidas da história das Copas. Dois gols na final. Emoção do início ao fim. Nos pênaltis, a Argentina venceu. Messi, enfim, campeão do mundo.

O menino desacreditado.

O homem criticado.

O atleta julgado.

Agora era aclamado.

E a história não terminou aí.

Em 2024, Lionel Messi liderou novamente sua seleção e conquistou o bicampeonato da Copa América, consolidando de vez sua trajetória como o maior ídolo da história do futebol argentino.

Com essa conquista, Messi se tornou o jogador com mais títulos da história do futebol mundial e da seleção argentina, de maior fracasso a maior vencedor. Nenhum outro atleta, em toda a existência desse esporte, ergueu tantas taças quanto ele. Do garoto franzino ao maior campeão de todos os tempos.

Aquela foto com a taça da Copa do Mundo? Quebrou o próprio recorde: mais de 75 milhões de curtidas. O mundo parou, novamente, para homenagear não só o jogador... mas o homem que venceu cada obstáculo com dignidade, persistência e fé.

Essa história é sobre futebol. Mas é, acima de tudo, sobre vida.

É sobre resistir.

É sobre levantar depois de cada queda.

É sobre persistir quando tudo desmorona.

É sobre lutar por aquilo em que se acredita, mesmo sem aplausos.

É sobre ter coragem quando tudo o que você quer é desistir.

É sobre vencer... quando todos já te deram por vencido.

O que diferencia os vencedores dos perdedores não é o talento. É a capacidade de continuar.

Messi escreveu seu nome na eternidade. Não só como o maior jogador do século. Mas como uma inspiração viva de resiliência, de superação, de paixão por um propósito.

E se hoje você enfrenta lutas, derrotas ou críticas... lembre-se de Lionel Messi.

A dor de agora pode estar preparando sua maior vitória.

Continue.

Insista.

Avance.

Porque quem não desiste sempre encontra o seu lugar na história.

"Ser pequeno na vida me ensinou que podia ser grande no futebol. Ser o melhor não é levar o meu orgulho pelo mundo, é me sentir orgulhoso da minha camisa, da minha perseverança e da minha glória."

— Lionel Messi.

10º princípio

TENHA FÉ

Um homem e sua família foram a um restaurante de um *velho amigo para conhecer a nova sugestão de prato do chef de cozinha mais renomado da cidade de Nova Iorque. Papo vai, papo vem, eles começaram a conversar sobre a existência de Deus.*

O chef de cozinha, e amigo de longa data da família, disse que não acreditava na existência de Deus e contou que chegou a essa conclusão, pois havia feito uma viagem pelo mundo e que, ao mesmo tempo que conheceu lugares incríveis, presenciou muitas misérias e pessoas em situações de extrema necessidade, e para afirmar sua convicção, completou:

— Você não precisa viajar para ver o quanto o mundo é injusto e perceber a quantidade de miséria que existe ao nosso redor, só precisa sair na rua e ver que existem muitas injustiças e pessoas sofrendo. Se Deus existe, por que você acha que existem tantas pessoas sofrendo? Eu não consigo imaginar um Deus que permita que todas essas coisas aconteçam.

O homem e a sua família pensaram por um momento, mas não quiseram dar uma resposta para prevenir um debate desnecessário com um amigo que já demonstrava ter uma opinião formada. Além disso, nada do que dissessem ali, aparentemente, iria fazê-lo mudar de opinião.

O chef de cozinha terminou o serviço com a mesma excelência de sempre, e o homem e a sua família pagaram a conta e partiram de volta para casa.

De repente, um mendigo na rua veio lhes pedir dinheiro para comprar comida, parecia que já fazia um bom tempo que ele havia feito sua última refeição.

A família ajudou o mendigo comprando-lhe alimentos, e o homem voltou ao restaurante.

— Sabe de uma coisa? Chefes de cozinha e proprietários de restaurantes não existem.

— Como assim não existem? — Perguntou o chef. — Eu estou aqui.

— Não! — O amigo argumentou. — Vocês não existem, porque se existissem não estariam jogando tanta comida no lixo todos os dias, sendo que poderiam utilizar para alimentar essas pessoas que passam fome e vivem na rua, como aquele homem que está andando ali. Eu acabei de lhe comprar comida, pois fez a sua última refeição já faz um bom tempo.

— Nós existimos, sim. — Argumentou o chef — O que acontece é que as pessoas não nos procuram, e isso é uma opção delas.

— Exatamente! — Afirmou o amigo — É justamente isto: Deus existe, o que acontece é que as pessoas não o procuram, pois é uma opção delas.

Deus existe e quer se relacionar com você.

Muitas pessoas fogem desse relacionamento, buscam apenas as necessidades do mundo, sem cuidar das necessidades espirituais.

A maior necessidade do ser humano está em ter o mínimo de condições para viver bem, com autoestima, dignidade e uma missão. Ter uma missão é acreditar em si próprio e no poder de realização, e para ter um motivo que faça você acordar todos os dias e ir à luta, mesmo que tenha que enfrentar obstáculos e desafios durante a jornada, é necessário ter fé. É a fé que vai te dar a força necessária para seguir em frente e continuar. A pessoa que não tem fé, não acredita no seu poder de realização, não acredita na sua missão e abre brecha para viver uma vida com baixa autoestima e vítima da sua própria falta de crença.

Uma vida sem motivos é uma vida sem inspirações que nos estimulem a dar o próximo passo, e tudo o que fica parado, sem exercícios, tem como tendência atrofiar. É necessário ter perseverança na vida, mas para isso é importante saber a sua missão. Quando estamos seguros de nós mesmos e inspirados no nosso desenvolvimento, construímos ações e pensamentos positivos conectados com a visão de futuro que desejamos alcançar, mesmo que tenhamos que enfrentar grandes desafios, a fé continua sendo maior que o obstáculo; e a nossa mente imagina muito mais a motivação da conquista do que o desânimo da derrota. Mas muitas pessoas deixam de viver a promessa e receber as bênçãos que estão reservadas para si, pois perdem muito fácil as inspirações no seu dia a dia, se sabotam sem perceber e com isso afastam a realização dos seus sonhos. A autoconfiança é encontrada em sua melhor forma quando adquirida e acompanhada por uma crença de que o real motivo da vida é Deus, e com Deus tudo é possível. Acreditar nisso é ter fé.

A Bíblia nos entrega a chave para construir a nossa espiritualidade e conexão com o Criador. Mas, sem fé, é impossível se conectar, porque é necessário que aquele que se aproxima de Deus acredite que Ele é quem dá o galardão àqueles que o buscam.

Ao longo da história, homens e mulheres que experimentaram autoconfiança espiritual tiveram uma convicção profunda e duradoura das ações de Deus em suas vidas. Há milhões de testemunhos de pessoas que, nos momentos mais difíceis que enfrentaram, sentiram a presença de Deus, e a paz de espírito tomou conta de seu ser. Apenas quem já viveu momentos assim consegue explicar essa presença. Deus é o seu Criador e se importa que você creia em espírito e em verdade.

> Deus não é uma imagem, não conhecemos a sua face, mas, se crer verdadeiramente, podemos sentir a sua presença.

Quando se está em sintonia com Deus, esse poder infinito reage e você faz coisas maravilhosas.

Grandes homens e mulheres, ao longo dos tempos, mostraram ao mundo o poder infinito da fé sem serem agressivos, intolerantes ou egocêntricos. Jesus Cristo, por meio de seus ensinamentos, realizou o impossível aos olhos do mundo, tendo absoluta convicção de que ele poderia fazer o que decidira fazer por intermédio do seu poder divino, e passou esses ensinamentos aos apóstolos, fortalecendo-os e os inspirando. Realizar grandes feitos neste mundo torna-se difícil sem a presença da fé.

Todos devemos aplicar o poder da fé em nossa vida e em nossas atividades. Esse princípio milenar sendo aplicado no seu dia a dia faz você se destacar e se fortalecer em qualquer situação que esteja vivendo. O agricultor, quando planta a sua semente, tem fé nos frutos que virão da plantação que está por nascer; o médico, quando tem fé, acredita no seu conhecimento e na cura dos seus pacientes; o empreendedor, quando inaugura o seu negócio, tem fé que seu produto ou serviço vai agregar valor na vida de seus clientes e colaboradores. Se você tiver fé, você pode realizar.

Deus usa pessoas, algumas improváveis, para transformar vidas de outras pessoas. O apóstolo Paulo, antes de se converter e se tornar seguidor de Cristo, perseguia seus seguidores e teve a sua vida transformada quando ficou cego e conheceu o poder da fé.

O ser humano vive tempos sombrios quando seus hábitos e comportamentos, que estão operando em sua mente, diferem da fé, quando suas ações não condizem com a sua crença. Conheça a verdade e, caso cometa alguma atitude errada, sentirá um incômodo penetrando na sua alma. Essas leis espirituais são tão confiáveis e invariáveis quanto a lei da gravidade.

Confiamos na lei da atração de pensamentos, sentimentos, comportamentos e resultados. **Resumindo essa lei: o fato é que pensar o bem vai trazer o bem para a sua vida e pensar o mal vai lhe trazer o mal.**

Se você pensa sobre si como um fracassado ou um perdedor, você vai falhar na sua missão. Agora, faça o teste: pense em você como um vitorioso, respire fundo, estufe o peito e tenha autoconfiança, então perceba que nasceu para vencer, pois a lei da atração não falha. Crie uma imagem vitoriosa a seu respeito e o seu comportamento começa a mudar.

Tudo o que você pensa ser real em sua consciência e imprime em seu subconsciente se reflete na sua vida. A verdadeira fé é acreditar na bondade de Deus com a sua vida, ter fé na inteligência, que responde aos seus pensamentos e ações.

Direcione a fé que abastece a sua alma, mas tenha cuidado, pois, se a sua crença estiver no lugar errado, com princípios e valores errados, vai condicionar a sua vida negativamente; você pode acreditar que ficará doente se ficou em contato com uma pessoa que estava doente e, dias depois, vai perceber que a sua imunidade baixou; você pode alimentar a crença de que vai falhar e acabar falhando.

O que você alimenta dentro de si é a energia que vai reverberar na sua vida.

Sempre que tiver pensamentos sombrios, dedique-se para reverter essa mentalidade negativa em uma mentalidade positiva e agradável. Condicione-se a praticar esse exercício sempre que sentir a sua energia baixar.

Acreditar é aceitar que algo é verdade — aqui, novamente, seus pensamentos estão determinando as suas ações —, por essa razão é fundamental acreditar no princípio da vida que existe dentro de você. O lugar no qual você foca a sua visão deve estar na direção correta, com inspiração e orientação divina. Que diferença faz se você já cometeu erros ou não obteve êxito por diversas vezes? Agora que você sabe sobre o poder divino da fé positiva, tome posse e acorde para uma nova vida.

Decida, neste momento, que você pode viver a vida caminhando com a missão que foi direcionada para viver, e isso se tornará realidade se você acreditar, e não deixe que nada de negativo te mova ou estremeça a sua convicção. Faça disso um hábito na sua mentalidade e, inevitavelmente, com esse tipo de crença, você vai crescer e conseguir se colocar em uma posição de destaque onde estiver. Acredite em si mesmo e no poder que tem dentro de você, crie relacionamentos saudáveis e, o principal, busque em todos os momentos da sua existência a conexão com Deus, somente assim você terá todas as ferramentas para sair de qualquer situação ruim, para desfrutar do impossível e extraordinário, pois a presença de Deus na sua vida é possível e milagrosa, mas é sua responsabilidade se conectar com Ele e ver a sua vida e os seus conceitos serem transformados. Permita-se viver esse relacionamento.

> "Há duas formas para viver a sua vida. Uma é acreditar que não existe milagre. A outra é acreditar que todas as coisas são um milagre."
>
> **— Albert Einstein**

DEUS EXISTE E
QUER SE
RELACIONAR
COM VOCÊ.

HISTÓRIAS GRANDES TÊM INÍCIOS PEQUENOS E GRANDES BATALHAS

PRINCÍPIOS PODEROSOS
PARA RECOMEÇAR

LIZZIE VELASQUEZ

Este grande exemplo de vida ficou conhecido como *"a mulher mais feia do mundo"*, uma história de vida inspiradora. Lizzie Velasquez é um dos mais belos exemplos de força de vontade, determinação e coragem. Quando nasceu, os médicos alertaram seus pais que, caso sobrevivesse, Lizzie teria uma vida em estado vegetativo, com muitas dificuldades de falar e andar devido ao seu problema de saúde, uma rara doença genética que ainda é desconhecida e impede o ganho de gordura corporal; por essa razão, seu corpo é mais frágil e suscetível a várias doenças, já que não absorve o estoque de nutrientes necessários para uma vida saudável.

Pesando menos de 40 kg, a condição de Lizzie fez com que ficasse cega de um olho.

Alvo de cruéis ataques de *bullying* na escola e na internet (quando se tornou "famosa" com um vídeo que a intitulava "a mulher mais feia do mundo"), Lizzie enfrentou momentos de forte depressão, chegou a pensar em suicídio e que não valia a pena continuar vivendo daquela forma.

Mas, em vez de se entregar a esses sentimentos que destroem o nosso psicológico e emocional, impedindo de enxergarmos o nosso valor, Lizzie não se permitiu ficar refém e escrava dessa dor, em vez disso, ergueu a cabeça e foi lutar contra essa humilhação com as "armas" corretas.

Conhecida pela sua autoconfiança, não se entregou a essa situação negativa e deu a volta por cima usando a visibilidade que atribuíram à sua imagem para iniciar uma campanha contra o *bullying* de todos os tipos ao redor do mundo. Essa sua decisão de enfrentar o problema de frente inspirou a vida de milhões de pessoas que já sofreram com isso ou vivem com alguma deficiência e baixa estima.

Lizzie se tornou tão poderosa que se tornou uma das melhores palestrantes dos Estados Unidos e conheceu vários países contando a sua história, ela também se tornou uma das autoras mais renomadas da atualidade com seus diversos livros de autoajuda para ensinar a todas as pessoas como enfrentar situações que nos decepcionam. E lutar por essa causa mostrou para todos que conhecem sua história o quanto ela é uma belíssima mulher, que inspira milhões de pessoas ao redor do mundo.

Todos temos nossos monstros que temos que enfrentar, e Lizzie, mesmo com medo e sendo exposta covardemente como motivo de piadas por pessoas que externaram as maldades que existiam em seus corações e não respeitaram o mandamento bíblico de amor ao próximo, teve coragem e atingiu patamares que muitos ainda lutam para conquistar. Ela deu a cara à tapa e seguiu de cabeça erguida, ainda que estivesse com medo, e lutou com todas as suas forças e coragem para ter uma vida melhor.

Ela estudou na escola, enfrentou o *bullying* e todo tipo de preconceito e discriminação, cresceu, trabalhou, estudou, formou-se na Universidade de Comunicação Social do Texas, e hoje é uma mulher independente, de sucesso e autora de livros. Ainda, dá palestras e conferências de autoajuda.

Lizzie nos ensina que a maior beleza do ser humano está nas suas ações! Ser positivo, ajudar quem precisa e espalhar boas mensagens faz com que nos tornemos pessoas muito mais bonitas.

"Eu sou humano... é claro que essas coisas vão machucar... (mas) eu não vou deixar essas coisas me definir."

— Lizzie Velasquez.

11º princípio

ESCOLHA A VOZ QUE VAI ESCUTAR

A HISTÓRIA DO CHIMPANZÉ QUE NÃO ESCUTAVA

*U**m grupo de chimpanzés que viviam em Tanzânia, na** África, organizou uma competição para decidir quem seria o próximo líder do grupo. O desafio era ver qual chimpanzé conseguiria escalar o pico mais alto da floresta em que vivia; o vencedor, além de ser o próximo líder, receberia um prêmio especial: se casaria com a princesa do grupo, filha do atual líder, que estava passando o bastão, o que já era tradição entre eles.*

Todos daquele bando viviam em harmonia, e uma multidão se juntou para assistir àquela competição, pois, além de ser muito desafiadora, queriam ver quem seria o felizardo que iria casar com a princesa chimpanzé.

Ninguém naquela multidão toda realmente acreditava que os chimpanzés teriam resistência para subir tão alto, por mais habilidades que eles tinham. Um galho quebrado poderia causar uma queda fatal.

Como em todos os ambientes, tinha os incentivadores que expressavam mensagens de esperança e motivação, mas havia aqueles medrosos e pessimistas que ficavam gritando coisas hostis para prejudicar os competidores, dizendo coisas como:

— Desiste! Se você cair, já era.

— Vocês não vão conseguir, o topo é alto demais.

— Pare de se arriscar, você está sendo inconsequente! Depois, não diga que eu não avisei.

— Você nunca fez isso antes.

Entre outras mensagens desse tipo.

Conforme os chimpanzés pessimistas iam gritando, os que estavam na competição começaram a dar ouvidos e, conforme subiam, essas palavras pessimistas foram ganhando força.

Alguns sentiram medo e começaram a desistir, outros, assustados com o que ouviam, desistiram de participar da competição, e outros, com medo de cair, desistiram nos primeiros obstáculos. Só uns poucos continuaram a subir mais e mais alto.

A multidão continuava a gritar:

— É muito difícil!!! Ninguém vai conseguir!

E conforme o tempo foi passando e a dificuldade da competição aumentando, todos foram desistindo.

Apenas um continuou a subir e a subir... Este não desistia por nada, pois queria bater seu recorde e se tornar o líder do bando.

Muitos chimpanzés gritaram desesperadamente para ele desistir e ele nem reação esboçava, e um fator importante, enquanto competia, só olhava para cima e, em nenhum momento, mirou seus olhos para baixo.

Este único chimpanzé era valente e se destacou entre os demais pelo seu foco e resiliência, foi o único que chegou ao topo e ultrapassou os limites que achavam que ele chegaria, pegou a coroa de rei e os frutos que haviam sido depositados ali e desceu em segurança. Conforme a tradição do grupo, conquistou o respeito de todos, se tornou o novo líder e casou-se com a princesa.

Todos os outros que estavam na torcida e desistiram ficaram abismados com o tamanho do feito que esse chimpanzé acabara de realizar, e todos queriam saber como ele conseguiu, mesmo tendo multidões gritando que ele seria incapaz de chegar lá. Perguntaram ao campeão como ele não se abalou com as mensagens negativas que escutou enquanto subia e de onde ele tirou forças para chegar no ponto mais alto que um chimpanzé já chegou.

E a resposta que o novo líder deu foi que ele cobriu seus ouvidos com folhas para não escutar o que a multidão gritava para ele, então, sem conseguir ouvir essas vozes, estava apenas olhando para a direção de onde gostaria de chegar.

Moral da história: não dê ouvidos ao que os outros pensam sobre seus sonhos e sobre você. Muitas vezes, palavras maquiadas de boas intenções guardam em si tendências negativas e pessimistas a seu respeito. Essas pessoas, além de roubarem a sua paz, o desestimulam a persistir no caminho que deseja.

No filme *A Procura da Felicidade*, tem uma cena épica de um diálogo onde o personagem Chris Gardner, interpretado por Will Smith, dá conselhos para o seu filho. Eles estavam jogando basquete, e o filho disse que gostaria de ser um grande jogador, quando o pai respondeu que o filho não tinha talento para isso. Dessa cena, nasceu um grande aprendizado que deve ser colocado em prática sempre que alguém lhe desmotivar.

"Nunca deixe ninguém te dizer que não pode fazer alguma coisa. Se você tem um sonho, tem que correr atrás dele. As pessoas não conseguem vencer e dizem que você também não vai vencer. Se você quer uma coisa, corre atrás."

E continua...

"Filho, nunca deixe que ninguém impeça você de sonhar, nem se essa pessoa for o seu pai."

Não dê ouvidos para palavras negativas, seja surdo à hipocrisia, à desesperança, aos fracassos, à falta de crença, ao pessimismo e àqueles que gostariam de ter a sua coragem de fazer e não fazem. Acima de tudo, seja surdo quando as pessoas disserem que você não é capaz de realizar os seus sonhos, pois isso só demonstra o real desejo daqueles que gostariam de estar no seu lugar.

Fui convidado para ministrar uma palestra onde o tema que eu deveria apresentar era **"propósito"**. Na teoria, parece um tema bastante simples, porém percebi o quanto é de grande valor e o quanto afeta diretamente a vida das pessoas, principalmente dos mais jovens, que estão naquela fase da vida de lutar pelos seus sonhos;

é aquela famosa e verdadeira frase que encontramos nos livros e textos motivacionais:

> Só vive o propósito quem suporta passar pelo processo.

Elaborei o conteúdo bastante motivado para realizar a minha apresentação e, já no início da palestra, logo após a introdução, fiz a minha primeira pergunta para os participantes:

Na visão de cada pessoa:

"O que seria passar pelo processo para alcançar o propósito?"

Muitos compartilharam o seu pensamento, e a grande verdade era que todas as respostas eram verdadeiras e se complementavam. Os participantes responderam que, ao passar pelo processo, você transforma características em ações. Ter foco, disciplina, motivação, uma visão clara de onde você está e para onde deseja chegar, excluir hábitos sabotadores e incluir hábitos saudáveis é ter disposição de se sacrificar pelos seus objetivos. Resumindo, foram as mais variadas respostas que se complementam, e todas às vezes que uma pessoa tem disposição de executar todas essas ações, a chance de conquistar o objetivo é muito grande.

Reflita se, em algum momento da vida, você teve a disposição de colocar em prática todas essas ações. Provavelmente, ou você atingiu o resultado que gostaria, ou chegou bem perto, mas, independentemente do resultado, percebeu a evolução que teve como ser humano durante a jornada do seu processo de evolução para alcançar o seu propósito.

Ficou constatado para todos que todas as pessoas que estão com um objetivo enraizado na sua mente e coração têm consciência de que passar pelo processo de desenvolvimento e evolução requer muitos trabalhos e sacrifícios.

Até essa parte da minha apresentação, tudo ocorreu conforme o planejado, e o debate fluiu muito bem, em um clima motivacional. O que me intrigou bastante e me fez ficar refletindo foi a segunda pergunta que fiz e pude perceber o quanto afeta a vida de uma pessoa, o quanto já afetou a minha vida quando eu era mais jovem, a ponto de eu quase desistir em algumas situações.

"Se uma pessoa tem um objetivo definido, algo que ela deseja verdadeiramente viver e realizar, se essa mesma pessoa tem consciência que passar pelo processo exige muita dedicação e comprometimento de colocar em prática todas as ações das respostas que compartilhamos na primeira pergunta, por que, mesmo assim, a grande maioria desiste no meio do caminho e abre mão de viver os seus sonhos?"

(Eu sei que parece clichê o que vou compartilhar, mas é muito importante e tem grande influência na tomada de decisão).

As pessoas, quando têm um objetivo, se preparam para o que devem fazer, mas não se preparam para lidar com as críticas e sabotagens que pessoas próximas, pessoas com quem compartilharam seus sonhos e objetivos, fazem na vida delas.

Igual à cena do filme *A Procura da Felicidade*, que com certeza, se você já assistiu, lembrou desse episódio, e depois o pai caiu em si e tentou consertar a besteira que havia acabado de falar. Esses ladrões de sonhos existem, têm grande influência negativa na vida das pessoas e estão espalhados por todas as partes. Isso ficou constatado, pois muitos participantes que estavam na minha apresentação compartilharam exemplos reais, de palavras direcionadas a eles por pessoas próximas e que os fizeram desistir de seus sonhos, e isso me intrigou bastante e fez eu relembrar o meu início no empreendedorismo.

Como compartilhei neste livro, quando eu me desliguei da empresa que eu trabalhava, fiquei com o foco total em montar a minha própria escola, não tinha dinheiro algum guardado para iniciar esse projeto, na verdade, estava desempregado e precisava agir rápido, porém, como eu tinha o objetivo de empreender e só pensava nisso, diariamente, 24 horas por dia, comuniquei algumas pessoas do meu convívio o que eu estava planejando. Nessa mesma época, eu estava recebendo muitas propostas de trabalhos sem entregar um currículo sequer;

pela primeira vez na minha vida, as pessoas estavam vindo atrás de mim pelos meus resultados de vendas, muitos conheciam a minha trajetória, mas recusei todas essas propostas, pois eu sabia que, a partir do momento que aceitasse, o sonho de empreender ficaria em segundo plano e naquele momento era a minha prioridade de vida.

De todas essas propostas, uma era quase irrecusável, pois oferecia um valor financeiro bem maior do que o que eu recebia na empresa anterior. Sempre surgiam aqueles "conhecidos" para dizer que eu tinha sido muito estúpido por não aceitar o emprego. Afinal, como empreendedor, eu nunca havia empreendido antes; por isso, na visão deles, eu não saberia como conduzir uma empresa, iria quebrar rapidamente e ninguém conheceria a minha escola. Enfim, acabei dando poder para essas vozes negativas que só aparecem para desmotivar e fazer você querer desistir. Com isso, o que já era difícil se tornou ainda mais pesado, pois, todas às vezes que um cliente dizia não à minha empresa, eu lembrava das propostas que recusei e das pessoas me dizendo que deveria ter aceitado.

Tenho a mente tranquila, que se eu tivesse aceitado aquela oferta, hoje eu estaria super arrependido de não ter iniciado com a Newcastle e graças a Deus, uma das melhores decisões que tomei na vida foi me dar a oportunidade de viver esse sonho e recusar todas as ofertas que me comprariam a curto prazo e me frustrariam a longo prazo, mesmo olhando para trás e relembrando todas as dificuldades que tive que passar. Mesmo assim, valeu muito a pena, pois foi um período de grandes aprendizados que foram lapidando a minha vida.

Estou compartilhando essa história, pois, na época, eu estava passando por uma dificuldade financeira enorme, uma vez que literalmente pagava para trabalhar, a escola não me dava lucro, os bancos viviam me perseguindo, destruindo meu capital financeiro em juros e empréstimos, iniciando a vida com a minha esposa, filho recém-nascido e a empresa ainda nos primeiros passos, inaugurando uma marca nova que ninguém tinha ouvido falar.

Ter me fechado para essas propostas que resolveriam as aflições financeiras que eu estava passando, em muitos momentos, colocou dúvidas sobre minha decisão, e todas às vezes que essas dúvidas martelavam a minha mente, tinham o poder de me afastar do meu objetivo, pois faziam eu enxergar os problemas que eu estava vivendo muito maiores do que o projeto que estava nascendo; em muitos momentos, quase joguei tudo para o alto. Eu sentia que Deus tinha um propósito com esse projeto que estava iniciando, eu sentia que aquela luta emocional um dia valeria a pena e ficaria para trás, mas quando você está dentro da bolha emocional, cheio de problemas para resolver, carregar esse fardo se torna muito difícil, principalmente quando você não enxerga soluções a curto prazo para essas aflições, pois eu sempre pensava que, se tivesse aceitado o emprego, a maioria daqueles problemas não existiria.

Me recordo de outra oportunidade que quase fez eu desistir: foi uma fofoca que fizeram com meu nome, a primeira escola de inglês que inaugurei ficava em um imóvel de esquina bem localizado em um cruzamento de duas avenidas muito movimentadas na cidade de Campinas (SP), e eu sempre acreditei que, se você tem um propósito, deve fazer o seu melhor com os recursos que tem em mãos hoje; você não deve ficar parado esperando o recurso ideal; e através do resultado do seu trabalho, vai melhorando as suas condições.

Levando em conta essa mentalidade, um trabalho que sempre me gerou muitas matrículas foi prospectar clientes no semáforo que ficava de frente para a escola, onde eu fazia pesquisas e panfletagens para vender cursos. Realizei esse trabalho de prospecção naquele semáforo muitas vezes, e todas as vezes que eu executava esse trabalho com a minha equipe, eu fazia com muita fé, pois acreditava no resultado que iria gerar dali e, na grande maioria das vezes, sempre conseguia um cliente novo. Já fiz muitas matrículas de clientes que consegui nesse semáforo.

Mas me recordo de uma pessoa conhecida que provavelmente deveria estar bastante incomodada com o meu resultado, ou com a minha "ousadia". Saiu espalhando um boato maldoso a meu respeito, deixando a entender que eu estava ali pedindo esmola. Achei uma atitude covarde, de uma pessoa hipócrita, traiçoeira e que joga sujo, principalmente porque sabia da minha índole, honestidade e que sempre trabalhei muito bem alinhado de terno e gravata, não somente eu, mas todas as pessoas que realizavam esse trabalho comigo. Quando vieram me contar isso, eu, muito jovem e ingênuo, comecei a rir e achei engraçado — o nível da estupidez que o ser humano pode chegar —, mas depois, analisando friamente, percebi o quanto o inimigo é maldoso e vai jogar sujo para te tirar do seu objetivo.

Me recordo que, depois disso, fiquei em dúvida se deveria continuar trabalhando no meu "quintal de matrículas", pois fiquei com dúvida do que as pessoas poderiam estar pensando sobre; foi quando eu refleti melhor e vi o quanto estava sendo ingrato com Deus, pois Ele sempre me abençoou com um cliente novo. Tomei vergonha na cara e voltei a fazer com mais paixão o trabalho que sempre fiz e que me gerava bastante resultado.

Compartilhei essas duas situações, mas, durante a minha trajetória, surgiram inúmeras situações de vozes negativas que pessoas próximas falaram para me sabotar ou desmotivar e talvez você esteja passando por uma situação similar na sua vida. Talvez você esteja se esforçando para alcançar o seu propósito, e uma pessoa próxima lhe disse algo que te fez pensar em desistir.

Enquanto eu ouvia as pessoas falarem na minha apresentação, fiquei refletindo e avaliando o quanto esse tema já fez sentido na minha vida e influenciou meus comportamentos e decisões, principalmente no início, onde as maiores dificuldades acontecem.

Hoje, eu falo com tranquilidade sobre esse assunto, pelos aprendizados que tive na vida, e o que quero que você saiba é que sempre que você estiver trabalhando para realizar algo grande, que vai melhorar a sua vida e a vida de tantas outras pessoas, que vão ser abençoadas através do seu esforço, nesse momento, você tem que estar preparado para as críticas e sabotagens que vai receber, pois você vai estar incomodando o "inimigo" e infelizmente ele é tão covarde que vai usar pessoas próximas a você, pessoas que você já ajudou e que infelizmente vão se voltar contra você, vão agir no escuro para te diminuir e desmotivar.

Quando você está fazendo algo que vai agradar a Deus, você estará desagradando ao inimigo e, nesse momento, você vai ser confrontado e será obrigado a escolher um lado.

- **Quem você deseja servir, a Deus ou ao inimigo?**
- **Qual é a voz que você vai decidir ouvir?**
- **Qual a voz que vai guiar as suas ações?**

Na teoria, a resposta parece simples, mas não são as palavras que vão mostrar o lado que você escolheu, e sim suas atitudes, e são estas atitudes que vão mostrar o seu caráter. As dificuldades, invejas e aflições mostram quem são as pessoas; no momento mais adverso, as máscaras caem; hoje, como tenho certeza da voz que me guia e escolhi servir a Deus, a minha reação com uma deslealdade é totalmente diferente de quando eu era mais jovem, pois, em muitos momentos, eu tive vontade de desistir, quando o ataque do inimigo me atingiu, e é decepcionante quando ele se utiliza de pessoas próximas, que conhecem as suas lutas e aflições.

LEIA COM ATENÇÃO:

Sempre que você estiver vivendo o seu propósito com atitudes que agradam a Deus, o inimigo vai se levantar contra você; esteja preparado para essas batalhas, pois ele é traiçoeiro e quer gerar dúvidas em você, mas quando se tem fé e crê verdadeiramente em Deus, a vitória é certa. *O bem sempre vence o mal.* Mesmo que o mal seja muito traiçoeiro e covarde, ainda, sim, o bem é mais poderoso que o mal, pessoas vão deixar dívidas para você pagar, vão te roubar, te caluniar, inventar histórias a seu respeito, vender uma amizade valiosa por um preço tão barato, e ainda, sim, com tantas atitudes reprováveis, vão querer utilizar de argumentos mentirosos para justificar o injustificável.

Quer ter uma vida vitoriosa? Prepare-se para oposição, vão te atacar desesperadamente para colocar medo em você, para que não conclua o seu projeto, mas, se você ouvir a voz de Deus, terá a força necessária para continuar.

HISTÓRIAS GRANDES TÊM INÍCIOS PEQUENOS E GRANDES BATALHAS

PRINCÍPIOS PODEROSOS
PARA RECOMEÇAR

WALT DISNEY

"Se você pode sonhar, você pode fazer."

O **autor dessa frase é um grande exemplo de superação** e persistência com seus desenhos e personagens que impactaram bilhões de pessoas no mundo todo. Ele recebeu mais de 60 indicações ao Oscar e foi premiado com 26 estatuetas pelos seus curtas de animação.

A empresa que o autor dessa frase criou é o maior conglomerado de mídia e entretenimento do planeta. Estou falando de Walt Disney, responsável por trazer ao mundo personagens e desenhos clássicos como *Mickey Mouse*, *Minnie*, *Pateta*, *Pluto*, *Pato Donald*, *Branca de Neve e os Sete Anões*, e tantos outros que tivemos a oportunidade de conhecer na infância.

Analisando esse currículo, pode até parecer que a vida de Walt Disney foi tranquila e sem grandes dificuldades, mas a grande verdade é que, antes de ser um sucesso e ser reconhecido pelas suas obras, Walt passou por muitas dificuldades financeiras. Aos 22 anos, já havia declarado falência de sua empresa e dizem que, antes de sua corporação emplacar, Walt já havia falido pelo menos três vezes. Nesse período, chegou a trabalhar para um jornal, no qual foi demitido por não ter criatividade. Walt sentiu na pele a pressão e a dificuldade que toda pessoa que está em baixa e sem prestígio sofre. E quando tudo parecia perdido, surgiu o Mickey Mouse, então a vida de Walt começou a entrar em uma nova etapa.

Walt desfrutou de muitas coisas boas nessa vida, ganhou dinheiro, reconhecimento e deixou um enorme legado nesse mundo, mas, antes de receber todo esse sucesso, colecionou muitos fracassos, questionamentos e inseguranças. Mesmo assim, foi resiliente e prosseguiu acreditando nos seus sonhos.

Histórias grandes têm inícios pequenos e grandes batalhas.

11º princípio

Parte 2

ESCOLHA A VOZ QUE VAI ESCUTAR

ÓDIO X AMOR

*W**ill Smith, um consagrado ator de cinema, considerado** um dos melhores da sua geração, roubou a cena na festa do Oscar 2022, quando subiu ao palco e deu, literalmente, um tapa na "cara" do comediante Chris Rock depois de ele fazer piadas de péssimo gosto com a aparência física de sua esposa, a Sr.ª Jada Pinkett Smith, que estava com a cabeça raspada devido a um problema de saúde. Jada Smith sofre de alopecia, uma condição capilar que causa queda de cabelo.*

Nessa mesma noite, Will Smith foi consagrado ganhando o prêmio máximo que sua profissão entrega, o Oscar de melhor ator. Muito emocionado, deu um discurso impactante sobre o seu propósito de vida, do qual separei alguns trechos para o final deste capítulo.

No seu momento de maior grandeza, tome cuidado, é nessa hora que o diabo irá te procurar. Foi uma das frases citadas por Will Smith no conselho que recebeu de seu grande amigo Denzel Washington minutos após ter perdido a cabeça. Essa cena, que aconteceu ao vivo para milhões de telespectadores do mundo todo que acompanhavam o evento ao vivo, trouxe muitas reflexões.

Will Smith, na sua noite de glória, onde, poucos minutos antes de receber o maior prêmio da sua profissão, que engrandeceu ainda mais a sua brilhante carreira, caiu na cilada de ouvir a voz do diabo em um dia que era para ser apenas de alegrias e comemorações, mas ficou conhecido para muitos como o dia da agressão.

Muitas pessoas ficaram abismadas com a atitude de Will Smith, pois, mesmo demonstrando que ele defende seus princípios e valores e seus entes queridos, não imaginavam que ele cairia nessa armadilha.

Seu colega de profissão Chris Rock de fato foi muito infeliz com essa "brincadeira", se podemos chamar assim, pois humilhar e expor uma pessoa ao ridículo devido à sua aparência não pode ser chamado de brincadeira; existem muitos casos de suicídio no mundo por bullyings dessa maneira. Mas, mesmo sabendo que Will luta por justiça e igualdade e combate o bom combate, as pessoas não imaginavam que ele chegaria nas vias de fato com o agressor verbal. Sua esposa, mãe dos seus filhos foi humilhada em um evento transmitido ao vivo mundialmente, e muitos interpretaram a atitude de Will digna de respeito, mas uma multidão foi contrária e disse que ele perdeu a razão quando partiu para a agressão física, ou seja, combateu o bom combate, mas com as armas erradas.

Em alguns momentos da vida, todos estamos sujeitos a passar por uma situação semelhante. Vou compartilhar uma história que aconteceu comigo quando eu tinha 23 anos. Eu estava em ascensão na minha profissão, e uma pessoa acusou um dos colaboradores do meu time de ter roubado o dinheiro de uma venda do caixa da empresa e começou a difamá-lo internamente sem ter provas, apenas pela sua suposição.

Eu conhecia esse colaborador há alguns anos e sei que ele não cometeria esse tipo de atitude, por dois motivos: o primeiro é o seu caráter, e o segundo pelo fato dele não ter acesso ao caixa da empresa, o que dificultaria qualquer ação negativa por parte dele nessa questão. Essa pessoa que o estava acusando e caluniando para todos já era conhecida nos bastidores por humilhar e desfazer de pessoas socialmente abaixo do seu nível.

Resumindo toda essa história, depois de algumas horas acusando esse colaborador de roubo, a verdade apareceu e descobriram que quem pegou esse dinheiro foi a funcionária responsável pelo caixa que assumiu a autoria e pediu perdão para todos; ela havia feito isso, pois disse que precisava comprar remédios para um familiar e ficou com vergonha de pedir ajuda, disse que iria repor o valor na primeira oportunidade.

Muitas vezes, pessoas cometem atitudes que depois se arrependem quando estão desesperadas martelando um problema na cabeça. Nessas situações, procurar ajuda com pessoas de confiança pode mostrar um caminho que pela aflição não está conseguindo enxergar.

Mas voltando ao fato que me ocorreu, naquela época, eu já andava sem paciência com esse acusador que gostava de desfazer e maltratar as pessoas que trabalhavam na empresa, em muitos momentos essas pessoas me procuravam para desabafar, pois se sentiam humilhadas por ele, e quando a verdade apareceu e ficou nítido que haviam acusado o meu amigo e colaborador injustamente, eu perdi a paciência e passou um filme na minha cabeça de todas as atitudes reprováveis (na minha visão) que essa pessoa cometia e agindo totalmente no impulso, não me controlei e saí nas vias de fatos com ele na frente de todos, uma cena bem parecida com a do Will.

Não consegui controlar minhas emoções de revolta naquele momento e depois do ocorrido em um primeiro momento me senti aliviado com a sensação de ter feito justiça, muitas pessoas me ligaram quando ficaram sabendo do ocorrido e me mandaram mensagens comemorando a minha atitude, pois a maioria dos colaboradores não suportava a maneira que era tratado por ele, porém, depois que a adrenalina baixou e a minha consciência voltou a ter sabedoria, eu percebi que minha atitude impulsiva foi a pior que eu poderia ter cometido e que muitas vezes o inimigo pode utilizar de situações que vão fazer você agir de uma maneira que nunca agiria se tivesse com o coração em Deus.

O caluniador na maioria das vezes fugia das suas responsabilidades, por estar em uma posição "superior", considerava normal atitudes que eu via como falta de ética e respeito com o próximo, depois descobri que, infelizmente, acabou colhendo muitos frutos ruins em sua vida e provavelmente sua arrogância e atitudes negativas tenham sido determinantes para esse resultado.

Mas a grande realidade é: se eu tivesse em paz de espírito, nunca teria agido daquela forma, e o que fez eu tomar aquela atitude foi já estar alimentando sentimentos negativos dentro de mim. Como eu já havia presenciado muitas situações negativas, chegou um momento em que estourei.

Muitas vezes estamos com a razão de combater o bom combate, mas, quando deixamos ser dominados pelos sentimentos negativos, a chance de ter atitudes reprováveis é muito grande. Sei que em alguns momentos é muito difícil se controlar, principalmente quando uma injustiça ou humilhação acontece, mas a pessoa madura que tem o seu caráter formado em princípios corretos não se deixa levar por sentimentos negativos. Manter o autocontrole sempre é a melhor opção.

No meu caso, me desliguei dessa empresa e, graças a Deus, tive a oportunidade de recomeçar, mas mesmo assim, uma atitude minha impensada poderia jogar fora todo o trabalho árduo que eu já havia realizado.

Mas, voltando ao episódio de Will Smith, recebi uma mensagem de importante reflexão em um grupo de WhatsApp para compartilhar com você. O autor é desconhecido.

JESUS & WILL SMITH

[Em um diálogo dentro da minha cabeça]

Jesus: Soube que você agrediu um homem ontem.

Will: Sim, ele fez uma piada com a minha esposa e eu não gostei.

Jesus: Apenas por isso?

Will: Não, a piada tem a ver com o fato de ela estar a perder o cabelo por causa da alopecia.

Jesus: Entendo. Você se lembra do que conversamos lá no Monte das Oliveiras?

Will: Infelizmente não me lembro.

Jesus: Este é o seu problema, Will. Você esquece muito fácil. Eu lembro que falei durante horas sobre não revidar diante das ofensas, inclusive usei uma frase que você achou engraçada.

Will: Agora me lembro. Você disse que, se alguém nos der um tapa, devíamos dar a outra face.

Jesus: Sim, eu ensinei sobre o autocontrole diante do sentimento de raiva e vingança e desconstruí o paradigma do "olho por olho e dente por dente", mas parece que você não entendeu.

Will: Mas ele ofendeu a minha esposa, eu tive que fazer algo!

Jesus: Will, na cruz, eu fui muito mais que ofendido, eu fui morto por gente que não gostava de mim, mas eu sempre soube que o caminho da vingança e da devolução do mal não é o certo.

Will: Eu lembro, você pediu a Deus que nos perdoasse.

Jesus: Exatamente. O mal não se combate com o mal, usar a violência apenas vai gerar uma violência maior, não resolverá o problema. Filho, se você ainda quiser me seguir, esse é o caminho.

Will: Então eu devia deixar o Chris rir da doença da minha esposa?

Jesus: Não, há outras formas de resolver a situação. Por exemplo, você devia levantar, segurar a sua esposa e ir, com ela, embora daquele ambiente.

Will: No momento, não pensei nisso; o meu sangue ferveu e tive que bater naquele homem.

Jesus: Ser meu discípulo é também ter autocontrole, você não pode deixar que as emoções te guiem; o domínio próprio é um fruto do Espírito Santo, que habita em quem me segue.

Will: É difícil viver assim.
Jesus: Concordo, eu passei por isso em quase toda a minha vida na Terra, mas fui até o fim porque vale a pena, confia em mim. O contrário disso são lutas e guerras até o fim. Will, você se lembra que Pedro tirou a espada da cintura quando me prenderam? O que eu fiz?
Will: Mandaste guardar a espada.
Jesus: Sim, esse é o caminho. Você já imaginou o que aconteceria se o Chris não tivesse autocontrole e te devolvesse na mesma medida?
Will: Não quero imaginar. Mas tem a ver com a minha esposa, ela está passando por momentos difíceis, e ele vem fazer piada com isso?
Jesus: Entendo o seu sentimento. Me diz, como ela está hoje? Sente-se melhor e mais valorizada após a sua atitude?
Will: Sinceramente, não sei.
Jesus: Vá ver com ela, então. Talvez, a superexposição tenha feito mal a ela.
Will: Eu vou ver com ela e peço que me desculpe por esquecer os seus ensinamentos [...]. Parece que o Chris entendeu melhor o Senhor.
Jesus: Não, ele também não entendeu. Veja, o ponto não é apenas fazer com que meus discípulos não revidem, o ponto também é fazer com que eles não se tornem os causadores dos conflitos.
Will: Entendi. Me desculpe.
Jesus: Tudo bem, eu te amo, mas lembre-se de que a piada do Chris Rock seria rapidamente esquecida caso a sua atitude não a eternizasse e há o risco de você ser conhecido como um homem violento. Caso aconteça, você vai ter que conviver com isso.
Will: Sim, eu entendo.
Jesus: Certo, vai ficar com a sua esposa e reflita sobre suas ações. Lembre-se de tudo o que lhe ensinei.
Will: Temos muito para conversar e resolver.
Jesus: Sim, mas aos poucos chegamos lá.

Confie em Deus em todas as circunstâncias, pois a lei da semeadura nunca falha; todos recebemos do universo aquilo que entregamos —, se você carregar ódio e raiva dentro de si, viverá dias de guerras e aflições, pessoas que são causadoras de conflitos não vivem dias de paz, pois suas vidas são movidas por sentimentos e comportamentos destruidores.

> Recomeçar a vida é aceitar aquilo que não pode mudar e acreditar no amor e no propósito de Deus.

Somente pessoas com a disposição de mudar sentimentos e comportamentos conseguem recomeçar a vida, mudar aquilo que não foi legal e começar a caminhar conforme Jesus nos ensina.

Pergunte a alguém com mais experiência sobre a importância de não ser temperamental o tempo todo, de resolver problemas do mundo com sabedoria e discernimento. Seguir o comportamento de Cristo no meio de uma "guerra" onde nitidamente existem pessoas querendo prejudicar vai mostrar a sua grandeza.

Jesus nos ensinou a dar a outra face e, por mais que em algumas situações isso possa ser muito difícil, é a atitude mais sábia na forma de reagir às injustiças sofridas, é não se tornar escravo da ira e do mau sentimento. Deus sempre está do lado de quem age correto, não precisa revidar o agressor, pois a vida vai cuidar de quem é injusto. O empreendedorismo e o mundo corporativo em vários momentos me mostraram essa situação. Toda pessoa de mau-caráter, no final, sempre, se dá mal. Ter a consciência tranquila de que, mesmo sendo prejudicado, você foi justo e consegue olhar nos olhos de todas as pessoas que de alguma forma convivem com você e dormir em paz é algo que, na vida adulta, gera muita satisfação.

Tem pessoas que são muito ruins, gostam de trapacear, são mentirosas, jogam sujo, e a vida não prospera, são reféns das próprias ações e nunca conseguem ter paz de espírito, pode até fingir que estão bem, mas logo isso cai por terra, pois não tem como receber uma benção divina prejudicando pessoas, e, quando a máscara cai, são verdadeiros covardes que falam pelas costas, inventam histórias mentirosas e não conseguem olhar nos olhos, pois sabem que tiveram atitudes reprováveis.

Quando você sente raiva ou inveja de uma pessoa, você se torna escravo dela, vive a vida dela, pensa nela o tempo todo, trava o seu progresso e a sua vida por deixar o diabo dominar seus sentimentos; se somar ódio ao seu sofrimento e buscar de alguma forma prejudicar a pessoa, se tornará PIOR do que quem lhe feriu. O ressentimento mal resolvido se torna destruidor para a pessoa que se apega nele, já o perdão cura muitos relacionamentos rompidos e muitas pessoas amarguradas. Seguir os ensinamentos de Jesus Cristo é o melhor caminho para você viver a sua vida com amor; é impossível conhecer a palavra e os ensinamentos e não criar a consciência para excluir as atitudes que lhe sabotaram a vida inteira.

Se você foi o causador do estrago, sempre é tempo de pedir perdão, assumir a sua responsabilidade e recomeçar; se você foi vítima, não estrague a sua vida por causa disso, todas as pessoas grandiosas tiveram que enfrentar grandes batalhas, e, na grande maioria das vezes, o inimigo usou de pessoas próximas para ser o causador da discórdia.

> “A maneira como você reage ao que acontece à sua volta vai lhe trazer liberdade ou escravidão. A escolha está na sua mão.

Somos todos iguais, não podemos olhar para o próximo com olhar diferente. Por mais que existam muitas diferenças que o mundo prega, a vida nos coloca em momentos em que percebemos que somos todos iguais. Se você já visitou um hospital, percebeu que até o super-

-humano mais forte precisa de ajuda e orações honestas; já ouviu a história do médico, que foi discriminado pela sua cor, salvando um paciente racista; da médica que foi vítima da sociedade, salvando um paciente ladrão; do paciente rico na fila de um transplante recebendo órgão de um paciente pobre.

A verdade absoluta das pessoas, às vezes, só aparece num momento de dor ou ameaça real definitiva.

Essa vida vai passar rápido, não brigue tanto com as pessoas que você pode amar, não faça o mal para o próximo, não carregue sentimentos negativos no seu coração, você nunca vai se arrepender em fazer o bem e perdoar; seja quem for, Deus, de alguma forma, vai lhe ensinar com cada situação negativa e vai descansar o seu coração; o justo sempre consegue descansar em paz, já o pobre de espírito vive uma vida cheia de conflitos e aflições.

Você é o testemunho das suas ações, ao reagir o mal com o bem, você vai dar um ótimo testemunho e vai ter o poder de impactar vidas ao seu redor; quando revidamos a agressão, apenas mostramos que somos iguais aos que nos agridem.

Para finalizar este capítulo, vou compartilhar trechos do discurso de Will Smith na festa em que recebeu o Oscar.

Aos prantos, Will Smith falou no discurso sobre a questão:

"Richard Williams era um defensor de sua família. Nesse momento da minha vida, eu sou tomado pelo que Deus me pede para fazer nesse mundo", começou o ator.

"Eu sou chamado para amar e proteger as pessoas. Eu sei que, para fazer o que fazemos, você tem que aceitar abusos e aceitar as pessoas falarem sobre você. Nesse negócio, você tem que aguentar pessoas falando loucuras sobre você, aguentar pessoas humilhando e desrespeitando, e você tem que fingir que está tudo bem", seguiu Will Smith.

"No seu momento de maior grandeza, tome cuidado. É nessa hora que o Diabo irá te procurar. Eu quero ser um navio para o amor.

Obrigado por essa honra e esse momento."

HISTÓRIAS GRANDES TÊM INÍCIOS PEQUENOS E GRANDES BATALHAS

PRINCÍPIOS PODEROSOS
PARA RECOMEÇAR

MARTIN LUTHER KING JR.

"O que me preocupa não é o grito dos maus.
É o silêncio dos bons."

Martin Luther King Jr. foi um pastor e ativista político estadunidense que se tornou a figura mais proeminente e líder do movimento dos direitos civis nos Estados Unidos de 1955 até seu assassinato em 1968. King é amplamente conhecido pela luta dos direitos políticos por meio da não-violência e desobediência civil, inspirado por suas crenças cristãs e o ativismo não-violento de Mahatma Gandhi.

King liderou, em 1955, o boicote aos ônibus de Montgomery e posteriormente se tornou o primeiro presidente da Conferência da Liderança Cristã do Sul (abreviado em inglês como SCLC). Como presidente da SCLC, ele liderou a luta contra a segregação em Albany, e foi um dos participantes que organizaram os protestos não-violentos de 1963 em Birmingham. King ajudou na organização da Marcha sobre Washington, onde ele ditou seu famoso discurso "Eu Tenho um Sonho" (em inglês, *"I Have a Dream"*) aos pés do Memorial de Lincoln.

Em 14 de outubro de 1964, King ganhou o Prêmio Nobel da Paz por combater o racismo nos Estados Unidos através da resistência não-violenta. Em 1965, ele ajudou a organizar as Marchas de Selma a Montgomery. Nos seus últimos anos, ele ampliou seu ativismo contra a pobreza e a Guerra do Vietnã.

Martin Luther King Jr. foi assassinado por lutar pelas causas que defendia, pagou com a sua vida, o seu propósito de conscientizar as pessoas que somos todos iguais e que podemos viver como irmãos, sem violências, sem discriminação e preconceito, milhões de pessoas foram impactadas com a sua mensagem, seu nome entrou para a eternidade como um lutador do bom combate.

> "Se um homem não descobriu nada pelo qual morreria, não está pronto para viver."
>
> **— Martin Luther King Jr.**

Em sua homenagem, separei um trecho de um dos discursos mais impactantes da história dos Estados Unidos.

I HAVE A DREAM (EU TENHO UM SONHO)

E digo-lhes: hoje, meus amigos, mesmo diante das dificuldades de hoje e de amanhã, ainda tenho um sonho, um sonho profundamente enraizado no sonho americano.

Eu tenho um sonho de que um dia esta nação se erguerá e experimentará o verdadeiro significado de sua crença: "Acreditamos que essas verdades são evidentes, que todos os homens são criados iguais" (sim).

Eu tenho um sonho de que um dia, nas encostas vermelhas da Geórgia, os filhos dos antigos escravos sentarão ao lado dos filhos dos antigos senhores, à mesa da fraternidade.

Eu tenho um sonho de que um dia até mesmo o estado do Mississippi, um estado sufocado pelo calor da injustiça, sufocado pelo calor da opressão, será um oásis de liberdade e justiça.

Eu tenho um sonho de que os meus quatro filhos pequenos viverão um dia numa nação onde não serão julgados pela cor de sua pele, mas pelo conteúdo de seu caráter (Sim, Senhor). Hoje, eu tenho um sonho!

Eu tenho um sonho de que um dia, lá no Alabama, com o seu racismo vicioso, com o seu governador de cujos lábios gotejam

as palavras "intervenção" e "anulação", um dia, bem no meio do Alabama, meninas e meninos negros darão as mãos a meninas e meninos brancos, como irmãs e irmãos. Hoje, eu tenho um sonho.
Eu tenho um sonho de que um dia todo vale será alteado (sim), e toda colina, abaixada; que o áspero será plano e o torto, direito; "que se revelará a glória do Senhor e, juntas, todas as criaturas a apreciarão" (sim). Esta é a nossa esperança, e esta fé que levarei comigo ao voltar para o Sul (sim). Com esta fé, poderemos extrair da montanha do desespero uma rocha de esperança (sim). Com esta fé, poderemos transformar os clamores dissonantes da nossa nação em uma bela sinfonia de fraternidade.
Com esta fé (sim, Senhor), poderemos partilhar o trabalho, partilhar a oração, partilhar a luta, partilhar a prisão e partilhar o nosso anseio por liberdade, conscientes de que um dia seremos livres. E esse será o dia, e esse será o dia em que todos os filhos de Deus poderão cantar com um renovado sentido:
O meu país eu canto. Doce terra da liberdade, a ti eu canto.
Terra em que meus pais morreram, / Terra do orgulho peregrino, / Nas encostas de todas as montanhas, que a liberdade ressoe!
E se a América estiver destinada a ser uma grande nação, isso se tornará realidade.
E, assim, que a liberdade ressoe (sim) nos picos prodigiosos de New Hampshire.
Que a liberdade ressoe nas grandiosas montanhas de Nova York.
Que a liberdade ressoe nos elevados Apalaches da Pensilvânia.
Que a liberdade ressoe nas Rochosas nevadas do Colorado.
Que a liberdade ressoe nos declives sinuosos da Califórnia (sim).
Mas não apenas isso: que a liberdade ressoe na Montanha de Pedra da Geórgia (sim).
Que a liberdade ressoe na Montanha Lookout do Tennessee (sim).
Que a liberdade ressoe em toda colina do Mississippi (sim). Nas encostas de todas as montanhas, que a liberdade ressoe!
E quando acontecer, quando ressoar a liberdade, quando a liberdade ressoar em cada vila e em cada lugarejo, em cada estado e cada cidade, anteciparemos o dia em que todos os filhos de Deus,

negros e brancos, judeus e gentios, protestantes e católicos, juntarão as mãos e cantarão as palavras da velha canção dos negros: Livres, afinal! Livres, afinal!
Graças ao Deus Todo-Poderoso, / Estamos livres afinal!

12º princípio

RECOMEÇAR

*D**ois irmãos estavam brincando em um terreno baldio e,** enquanto brincavam, conversavam sobre os problemas que enfrentavam em casa, imaginavam que a vida adulta era muito chata e cheia de responsabilidades e viam que seus pais, que eram para ser suas grandes referências, reclamavam muito sobre os problemas rotineiros que tinham que enfrentar, escassez financeira, falta de apoio governamental, trabalhar em vários empregos para sobreviver, enfim, a realidade da maioria da população brasileira, que sempre tem um problema ou obstáculo para enfrentar.*

Sem perceber, os pais dessas crianças estavam criando muitos traumas emocionais, já estavam afetando negativamente a vida delas, até que, enquanto estavam brincando de jogar bola, o irmão mais novo tropeçou e encontrou uma lâmpada mágica, igual à do filme Aladin, e quando menos esperavam, apareceu o gênio da lâmpada e disse que eles tinham direito a apenas um único pedido, que teria que ser para os dois.

Conversaram e fizeram o seguinte pedido:

— Gênio, nós gostaríamos de receber conselhos para viver uma vida feliz, pois vejo que os adultos são muito sérios e preocupados.

— O Gênio da lâmpada ficou surpreso com o pedido, pois achou que iam pedir riqueza, sucesso, fama e, comovido com os irmãos, pensou muito bem na resposta e compartilhou conselhos de sabedoria que devemos praticar em nossas vidas.

— Não viva uma vida de aparências, elas só vão lhe fazer mal; tenha paciência, grandes resultados não acontecem da noite para o dia; seja

fiel a seus princípios e valores, pois eles vão definir a essência da sua existência; cuide da sua família e dos seus verdadeiros amigos, eles vão ser muito importantes na sua caminhada; tenha disposição de ajudar o próximo, e quando o fizer, faça de coração e não espere nada em troca; ouça a todos, as pessoas sempre têm algo a compartilhar, mas filtre o que escuta e de quem escuta, dê confiança a poucos; não expresse tudo o que pensa, você vai evitar muitos desgastes desnecessários com pessoas que só vão drenar a sua energia; não tenha medo do futuro, pessoas se torturam emocionalmente por algo que nunca tiveram; não pare de buscar desenvolvimento e evolução, tudo que para de crescer começa a morrer; por mais injustiças que você possa sofrer, nunca se coloque como vítima dos problemas, você tem a força que precisa para superá-los; você não precisa de muito para construir um mundo melhor, utilize as ferramentas que tem em mãos; quando estiver sozinho, cuide dos seus pensamentos, quando estiver com raiva, das suas palavras, quando estiver triste, das suas emoções, quando realizar algo grandioso, cuide do seu ego, cuide da sua mente para que a cada dia você se torne uma pessoa melhor. E o último e principal conselho: construa um relacionamento com Deus.

Um dia, você contará a história de como superou tudo que enfrentou e será o guia de sobrevivência e inspiração de muitas pessoas.

Recomeçar é uma decisão que exige ter muita coragem de deixar o velho para trás e começar a trilhar uma nova jornada; é abrir mão definitivamente de todas as situações que, de alguma forma, te aprisionam e esgotam a sua energia; é aceitar aquilo que você não pode mudar para viver dias melhores com autoestima e felicidade. Recomeçar é olhar para frente com esperança, sem ter autopiedade devido a alguma coisa que lhe feriu; é acreditar no invisível e enxergar a luz na escuridão.

Todas as pessoas têm o poder de mudar, mas, para viver essa nova realidade, é necessário fazer uma reflexão sobre todos os conteúdos e exemplos que foram apresentados a você, para criar consciência de enxergar e excluir tudo o que lhe sabotou até aqui.

Este livro mostrou muitos exemplos de pessoas que pareciam ter chegado ao fim e a vida mostrou que era apenas um novo começo muito melhor e mais próspero; mostrou, também, que as pessoas que saem da escuridão são firmes e convictas nas suas decisões de prosseguir no seu propósito.

O que determina as pessoas que obtêm êxitos na vida vai muito além do que uma jogada de sorte; essas são as que têm a disposição de olhar para o futuro com esperança, mesmo vivendo cenários desesperançosos, mesmo com tudo parecendo contra elas, apenas continuam prosseguindo com a crença inabalável de que a promessa de Deus vai se cumprir.

Criar consciência de tudo o que precisa mudar e tomar a decisão de mudar já é o primeiro passo para construir uma vida melhor.

Comece excluindo tudo o que lhe fez mal. Você é a pessoa que mais deve acreditar em si mesmo, faça por você o que os outros não têm disposição para fazer, olhe para o seu futuro e acredite na vitória.

O tempo todo, somos responsáveis por fazer escolhas conscientes e inconscientes que vão nos direcionar para o futuro que iremos viver. Do momento que acordamos até o momento que vamos dormir, somos os responsáveis pelas decisões que tomamos todos os dias.

As suas escolhas revelam o que você considera ser de maior valor e determinam aonde você vai chegar, e toda escolha traz a sua consequência.

Se você olhar para o seu passado, vai conseguir compreender que tudo o que está vivendo hoje são reflexos das suas decisões de ontem. É fundamental ter essa consciência para agir com sabedoria no presente.

Muitas pessoas perdem muito tempo e sabotam seus sonhos por influências externas, vivem a vida das mídias sociais e acham que uma vida feliz é apenas ter *status* e dinheiro no banco, e se tiverem saldo bancário positivo todos os problemas da vida deixarão de existir; além de ser uma grande mentira, essa visão é muito rasa, superficial e perigosa, pois dinheiro é apenas uma ferramenta da vida, muito importante, mas que não deve ter o poder de lhe escravizar. Saiba administrá-lo de uma forma que você consiga viver bem e dormir em paz.

O que vai lhe guiar para uma vida feliz são as influências que você busca todos os dias, é a sua conexão com Deus. Tenha zelo e atenção com as referências que influenciam a sua vida, não acredite em gurus da internet, *influencers* digitais, em frases inspiradoras com fotos de um carrão ou com pessoas seminuas, não siga conselhos da vida de quem vive para se expor e sai por aí falando sobre um monte de assunto que não tem propriedade, mas que fala apenas para aparecer em troca de algumas curtidas.

Viver não é como nas mídias sociais, viver é duro e você tem que abrir mão de muita coisa para lutar pelo que é seu. Quem te fala o contrário é totalmente irresponsável e mentiroso.

Quais são as influências que você recebe todos os dias? Essas influências agregam valor a você, aproximam-no de onde deseja chegar, ou sabotam suas horas? Não se culpe por se afastar de pessoas que afetam negativamente a sua saúde mental, isso é sinal de que você está evoluindo e buscando o que é melhor. Seja obediente aos mandamentos de Deus e tenha disciplina, não caia nas armadilhas do mundo. Muitas pessoas estavam com a bênção na sua vida e a jogaram fora por terem atitudes e comportamentos estúpidos. Tenha uma visão clara dos seus princípios e valores para não baixar a guarda para o inimigo entrar na sua vida e estragar tudo o que você construiu até aqui.

Tenha disposição de lutar o bom combate com todas as suas forças, não seja omisso com aquilo que fere os seus valores. Não pague o preço da ignorância por ter preguiça de buscar conhecimentos. Muitas pessoas com muitos talentos e aptidões não se comprometem com a própria vida, por fugirem das responsabilidades.

> Faça algo útil por você, não se entregue às dificuldades. Seja forte. A vida é muito dura para quem é mole.

Tudo tem consequência, até não fazer nada tem as suas consequências, e estas geralmente são ruins.

Seja comprometido com você, ou escolha a dificuldade que vai viver.

É difícil ter disposição para adquirir conhecimentos? Mas experimente o preço da ignorância.

É difícil ser comprometido com o seu trabalho? Mas experimente ficar desempregado.

É difícil controlar a alimentação, bebidas e outras substâncias prejudiciais? Mas experimente ter problemas de saúde.

É difícil ser casado e honrar a sua família? Mas experimente viver uma vida sem comprometimento com as pessoas que lhe amam.

Escolha a sua dificuldade e colha as consequências das suas ações.

Não seja medíocre, faça mais por você e pelas pessoas que você ama, você sabe que pode.

Pessoas medíocres vivem vidas medíocres em todos os âmbitos por serem habituadas a sempre fazer o mínimo necessário.

Quando nos doamos verdadeiramente por uma causa, o milagre acontece, mas essa condição depende da sua entrega.

Seu casamento não pode ser somente cobranças e sexo, seu trabalho não pode ser um lugar onde você só cumpre horas, seu relacionamento com seus filhos não pode ser só perguntar como foi a escola, sua preocupação não pode ser somente dinheiro, contas e novas aquisições. Reflita sobre toda a sua vida e faça escolhas assertivas, pague o preço hoje e colha uma vida melhor amanhã.

Resolva de uma vez por todas as feridas do seu passado, peça perdão, libere perdão, seja leve de espírito, expresse amor a quem você ama, abrace, conforte, chore junto, sorria mais ainda, mas não gaste energia com quem não quer o seu bem, não perca tempo abrindo a sua boca para falar o que não edifica. A vida é muito curta para viver aborrecido e se alimentando de sentimentos ruins.

Assuma as suas responsabilidades na sua família, no seu trabalho e em todos os compromissos e mostre que a sua palavra tem valor e que você é uma pessoa de confiança e credibilidade.

Tenha honra. Uma pessoa que não honra a sua palavra, que é muito temperamental e que vive criando situações de instabilidade ainda é uma criança, que apenas gosta de chamar atenção.

Tem pessoas que, neste momento, estão reclamando da vida, continuam se lamentando e paralisando o seu progresso devido às situações que lhe ocorreram. Essas pessoas não desenvolvem a sua força interior por ficarem se alimentando das energias negativas do passado; mas *recomeçar* é saber seguir em frente, é acreditar em um propósito maior, mesmo que ainda esteja passando pelo deserto, mesmo que o mundo o tente convencer do contrário, em quem você vai escolher acreditar em Deus ou na circunstância? Pensar positivo não significa que as coisas vão dar certo, significa saber que você não está sozinho e ficará bem, não importa como as coisas acabem. Você pode gritar, você pode chorar, mas não desista. Quando escolher seguir em frente, não olhe para trás.

Jesus Cristo foi traído por Judas e sofreu muitas acusações; José foi vendido pelos próprios irmãos para ser escravo; Davi venceu Golias, mas foi traído por Saul; Jó perdeu tudo o que tinha. Na Bíblia, encontramos muitos testemunhos de pessoas que passaram por grandes aflições aqui na Terra, e foram por meio delas que os seus testemunhos mudaram o mundo. O nosso mestre Jesus Cristo nos ensinou:

"No mundo tereis aflições, mas tende bom ânimo.
Eu venci o mundo."

(João 16:33)

E no momento mais doloroso da sua vida terrena, o momento da crucificação, após ter sido traído, julgado e maltratado cruelmente, deu um lindo testemunho sobre ter fé em Deus.

"Ele avançou um pouco, curvou-se com o rosto no chão e orou: 'Meu Pai! Se for possível, afasta de mim este cálice. Contudo, que seja feita a tua vontade, e não a minha.'"

(Mateus 26:39 NVT)

O filho de Deus, Jesus Cristo, não foi poupado das aflições, críticas e sofrimento deste mundo, e nos ensinou, por meio desses momentos, que, independente de qualquer circunstância, temos que confiar o nosso coração em Deus e que, do seu momento de maior sofrimento aqui na Terra, a sua crucificação, nasceu o maior testemunho da história da humanidade, a sua ressurreição.

Esforce-se para fazer o bem, pessoas bem resolvidas procuram o lado bom das outras pessoas; pessoas mal resolvidas procuram o lado ruim das outras pessoas. Somos o reflexo das nossas ações.

É muito gratificante você ter ao lado pessoas que conseguem enxergar as qualidades do ser humano, pois a maioria só sabe apontar os defeitos.

Como anda a sua espiritualidade?

A espiritualidade de uma pessoa é formada pela sua conduta diária, principalmente na maneira como se relaciona com o próximo que, aos olhos do mundo, está abaixo do seu nível social.

É bom, compreensivo, justo, sereno, calmo, tolerante, humilde e respeita as pessoas? Tem alta espiritualidade.

É arrogante, causa discórdia, agressivo, cheio de verdades, está pronto para apontar o dedo, acusar e julgar? Baixa espiritualidade.

Na vida, é a sua conduta que vai dizer quem você é. Enquanto estiver com vida, você tem a possibilidade de melhorar tudo o que desejar, nunca é tarde para se arrepender e iniciar um novo caminho.

> Tempos difíceis criam homens fortes, homens fortes criam bons tempos; bons tempos criam homens fracos, e homens fracos criam tempos difíceis.

Quem se esconde da dor do desconforto para conquistar a sua evolução pessoal em algum momento encontra a dor da frustração e estagnação. Continuando os exemplos que encontramos na Bíblia, temos muitos testemunhos de pessoas que recomeçaram após passar por situações adversas, e seus recomeços foram muito mais impactantes do que propriamente seus começos.

Davi recomeçou após cometer adultério; Josué não consultou a Deus e perdeu batalhas, mas se tornou o líder de Israel, e o seu povo podia notar a presença e aprovação de Deus na sua vida; Pedro também recomeçou após ter negado a Cristo com medo de sofrer violência ou morte, mas Jesus o perdoou e Pedro viveu uma vida em Cristo; Jó perdeu tudo, filhos, posses e a saúde, mas, ainda assim, não retrocedeu. Como todos esses exemplos e tantos outros, homens e mulheres de Deus podem passar por perdas e tristezas, mas não devem perder a fé nem a esperança de que tempos difíceis chegam ao fim.

Tudo, exatamente tudo o que fizer, peça orientação para Deus, pois Ele sempre vai lhe dar a resposta e a direção correta. Siga o seu direcionamento com CORAGEM, assim como ele nos instruiu em Josué, Capítulo 1, versículo 9:

> "Não fui eu que lhe ordenei? Seja forte e corajoso! Não se apavore, nem se desanime, pois o Senhor, o seu Deus, estará com você por onde você andar."

Às vezes, a atitude que está faltando para a sua vida é direcionar a sua fé com a energia correta. Em muitos momentos, Deus vai enviar a pessoa certa para lhe ajudar a seguir em frente e lhe mostrar novos horizontes, mas nunca podemos esquecer que Judas tinha o melhor pastor, líder, mestre, sábio e amigo e mesmo assim traiu Jesus. Deus manda as pessoas certas, mas a verdadeira mudança depende exclusivamente de você.

Esteja conectado com o seu espírito e esqueça as distrações do mundo, tudo o que precisa para mudar, você já tem.

Espero que esta leitura tenha proporcionado bons momentos de reflexão e grandes aprendizados, que os ensinamentos compartilhados acrescentem valor à sua vida e que, a partir deles, uma nova história possa ser escrita.

A transformação na sua vida já começou, e você é um instrumento de Deus muito especial, com uma grande missão neste plano.

Nunca esqueça que Deus está com você e o renovo da sua vida já começou. Por onde você passar, leve a sua mensagem positiva, seja a luz na vida das pessoas, uma pequena atitude tem o poder de fazer uma grande diferença na vida do próximo.

> "Senhor, que eu seja um instrumento de vossa paz, onde houver ódio, que eu leve o amor, onde houver trevas, a luz, e onde houver tristeza, alegrias, pois é dando que se recebe, é perdoando que se é perdoado, e é morrendo que se vive. Para a vida eterna. Amém."

AGRADECIMENTO

Quando finalizamos um trabalho, é muito gratificante olhar para trás e visualizar toda a estrada percorrida, do início até o fim.

É um sentimento de dever cumprido, por todos os desafios superados, principalmente quando temos que enfrentar as adversidades que surgem durante o processo de transformação, de tirar uma ideia do papel e colocá-la em prática.

Gostaria de agradecer a Deus, que, por alguma razão, colocou no meu coração a enorme vontade de escrever um livro sobre este tema. Confesso que escrever sobre recomeçar em um dos momentos mais delicados da minha vida foi algo que, no início, me gerou muitos conflitos internos, pois não estava vivendo o auge da minha vida pessoal e profissional. A pandemia de COVID-19 gerou muitas perdas e aflições na vida da maioria das pessoas; perdemos pessoas que amamos, economia e saúde um caos, medo do futuro que estava por vir, e, como empreendedor, eu sabia que a ressaca pós-pandemia seria um tempo difícil; a pressão nesse período foi muito forte, principalmente quando você se sente responsável não apenas pela sua vida, mas pela vida das pessoas que confiam em você.

A famosa frase do filme Rocky Balboa que compartilhamos neste livro fez jus a esse período:

"O mundo não é um grande arco-íris. É um lugar sujo, é lugar cruel, que não quer saber o quanto você é durão, vai botar você de joelhos e você vai ficar de joelhos para sempre se você permitir.

Você, eu ou ninguém, vai bater tão duro quanto a vida. Mas não se trata de bater duro, se trata de quanto você aguenta apanhar e seguir em frente, o quanto você é capaz de aguentar e continuar tentando, é assim que se consegue vencer."

Contudo, **recomeçar** é exatamente isso, é passar por aflições e cenários em que tudo parece perdido e confiar a sua vida a Deus e a Jesus Cristo, e, conforme os dias foram passando, algo me puxava para escrever esta obra. Como estávamos na retomada dos negócios, estava em uma fase em que trabalhava uma média de 12 a 14 horas por dia, e, geralmente, o período que me restava para estudar sobre esse tema e escrever era a madrugada.

Agradeço, com todo amor, à minha esposa, Rafaela Medina, e ao meu filho, Davi, por todo o companheirismo e a paciência durante esses meses em que só trabalhei. Gostaria de externar o quanto sou grato pela vida dos dois; olhar para o lado e ver que eles estão comigo sempre me fortaleceu.

Gostaria de agradecer a todas as pessoas que, de alguma forma, contribuíram com a produção e distribuição deste livro para que ele chegasse até você.

Espero do fundo do coração que contribua de alguma forma para o seu desenvolvimento e coloque a semente no seu coração de que, sim, você pode e deve recomeçar.

Agradeço, também, a todas as pessoas que contribuíram com grandes aprendizados na minha vida: amigos, familiares, parceiros do Grupo Newcastle e Editora, pastores e amigos da igreja em que me batizei — pois cada culto é um grande aprendizado —, e em especial a você, leitor(a), que investiu seu tempo valioso. Espero de verdade ter contribuído de alguma forma para você acreditar que, independente do cenário que esteja passando, vai se levantar.

Aos meus pais, Jorge e Fátima, por todo amor e aprendizado que recebi durante a minha vida. Sou muito grato pela vida de vocês. Ao

Oscar Schmidt e à sua família (sua esposa, Cris, e seus filhos, Stephanie e Felipe), por contribuir com o prefácio da obra, que a enriqueceu ainda mais, e por tudo o que já fizeram por mim e pela Newcastle. Nos momentos difíceis, Deus vai enviar pessoas que vão te ajudar a se fortalecer em sua caminhada. Sou muito grato a todos vocês.

Siga o meu perfil nas mídias sociais para podermos interagir.

Um grande abraço e até a próxima,

GUSTAVO MARTÍNEZ

Escritor, empreendedor (fundador do grupo Newcastle Idiomas e da Editora Newcastle), palestrante e host do Podcastle TV.

@gustavonewcastle

REFERÊNCIAS

BÍBLIA ONLINE. Disponível em: <https://www.bibliaonline.com.br>. Acesso em: 01 maio 2025.

Todos os versículos bíblicos encontram-se no site da Bíblia Online.

SOBRE O AUTOR E SEUS PROJETOS

LIVROS:

- Princípios Poderosos para Recomeçar
- A Fórmula dos Campeões
- Liberte o Seu Potencial
- O Sábio que Vendeu a Sua Lamborghini

PODCAST:

Podcastle TV — Meu podcast onde trago conversas inspiradoras com grandes mentes, abordando histórias de vida que inspiram, negócios, fé e superação.

- **www.youtube.com/@PodCastleTV**

EMPRESAS:

Newcastle Idiomas — A escola de inglês presencial e online mais bem avaliada do Brasil.

- **www.newcastleidiomas.com.br**

Wondersheep Coffee — O café que acompanha grandes jornadas e momentos de reflexão.